Miriam Subirana

La gran liberación

Heartfulness y mindfulness

editorial Kairós

© Miriam Subirana, 2014

© de la presente edición en castellano:
2014 by Editorial Kairós, S.A.
Numancia 117-121, 08029 Barcelona, España
www.editorialkairos.com

Fotocomposición: Grafime. Mallorca, 1. 08014 Barcelona
Diseño cubierta: Katrien van Steen
Impresión y encuadernación: Romanyà-Valls. Verdaguer, 1. 08786 Capellades

Primera edición: Noviembre 2014
ISBN: 978-84-9988-412-7
Depósito legal: B. 20.013-2014

Celebra que estás aquí

Sumario

Prólogo

Hemos oído hablar mucho de mindfulness.

Hemos visto su enorme valor a la hora de aumentar la consciencia acerca de cómo nuestros pensamientos e intenciones influyen claramente en nuestra vida cotidiana.

Mindfulness es una técnica útil para controlar y cambiar lo negativo y fútil, convirtiendo la vida en algo mucho más positivo y significativo.

No obstante, la mente no basta para acrecentar ese bienestar.

En este momento, la humanidad necesita sobre todo despertar su corazón.

Heartfulness es el equilibrio necesario de mindfulness o, incluso más: la evolución de mindfulness es hacia el destino de vivir en heartfulness.

Heartfulness es sentir. Sentir es vivir.

Nos han educado de otra manera: pensar es vivir.

Sin embargo, esto último cuenta con enormes limitaciones, como queda demostrado en el mundo actual, donde, por muy avanzado que esté el pensamiento, las personas se encuentran en la actualidad traumatizadas a causa de la desorientación y la desintegración que las rodea.

Básicamente, nuestros problemas son existenciales, aunque creamos que son sociales, psicológicos, económicos, políticos, etcétera. La razón subyacente es que hemos perdido los sentimientos originales del corazón, como bondad, respeto, simplicidad y generosidad.

En pocas palabras, la sutilidad del amor genuino ha sido sustituida por burdos apegos y necesidades narcisistas. Gran parte de los desequilibrios emocionales y psicológicos con los que nos encontramos son resultado directo de esta sustitución.

Ahora debe resucitar el heartfulness original. Durante demasiado tiempo hemos enterrado los sentimientos auténticos bajo los escombros de las emociones egoístas.

Para existir y vivir con eficiencia es necesario un corazón auténtico, además de una mente clara.

Tener una sensación de identidad, de pertenencia y propósito significa realizar nuestro valor innato. La sensación de valor innato proporciona al ser una confianza creativa gracias a la cual el individuo está dispuesto a aventurarse, a soltar y a vivir de manera más genuina.

En el heartfulness se genera una sensación de dignidad que faculta al ser hasta tal punto que nadie ni nada puede violar la propia autenticidad como ser humano. Nadie ni nada puede dañar ni recortar el derecho de una persona a existir felizmente.

En su libro, Miriam ha resucitado el hilo del heartfulness

y lo ha trenzado con el de mindfulness para crear un tapiz de posibilidades que pueden explorarse y practicarse.

Nos demuestra con claridad que el hilo del corazón es el pálpito original de la existencia humana.

Al igual que el hilo de Ariadna ayudó al héroe Teseo a conquistar al monstruoso Minotauro, el hilo del heartfulness nos guía a través del laberinto de miedos paralizadores, autodecepciones y un pasado negativo que se entromete.

En la antigua narración del Minotauro observamos que hay otra heroína en la historia: Ariadna, la poseedora del hilo, y no solo Teseo, el destructor del Minotauro.

El hilo de Miriam, que se trenza con las ideas y métodos que presenta en este libro, puede ayudar al lector a comprender y experimentar formas alternativas de pensamiento, sensación y comportamiento. Estas inspiraciones pueden facilitar pequeñas victorias cotidianas. Y esas victorias, aunque invisibles para los demás, son silenciosamente heroicas porque defienden el propio autorrespeto ante no importa qué amenazador Minotauro pueda aparecer repentinamente en nuestra vida.

Anthony Strano
Atenas (Grecia) abril de 2014

Introducción

En las próximas páginas comparto mi experiencia de la práctica de la meditación y la vivencia mindful y heartful. Explico en resumen los fundamentos del mindfulness, su origen y los beneficios de la práctica, así como las trampas en las que podemos caer. Este libro no es un manual de mindfulness. Introduzco heartfulness como una propuesta necesaria para que nuestra práctica sea integral e integradora. Integrar pensar y sentir, razón e intuición, unirse uno con los otros, con Dios, con la naturaleza y con el mundo.

Estamos presenciando en Occidente una popularidad creciente del movimiento mindfulness que promete una mejora de la eficiencia laboral, una reducción del absentismo y un incremento de las habilidades sociales necesarias para el éxito profesional. Se está convirtiendo en un negocio para *coaches*, consultores y conferenciantes, muchos de los cuales están desligando el mindfulness de sus orígenes.

La secularización que aleja la práctica de sus orígenes éticos y filosóficos acomoda el mindfulness a una técnica, y corre el peligro de convertirse en un producto de mercado en el cual se desnaturalice la práctica y se refine tanto que sea como los alimentos refinados: se les ha extraído la sustancia vital esencial, y esta luego se vende en pastillas o se utiliza en medicamentos. La harina blanca refinada se vende por un lado, y por otro tenemos el germen de trigo y el salvado de trigo. Se dividen y separan los ingredientes esenciales, con lo cual pierden valor nutritivo y vitalidad. En la harina integral está todo. Al mindfulness secularizado se le extrae el germen y el salvado, y ya no posee la misma esencia ni nutrición. Pierde la fuerza transformadora.

Al secularizar el mindfulness es más aplicable al mundo empresarial, colabora en la reducción de estrés y mejora la atención y la presencia. Sin embargo, puede llevar a una aceptación de las condiciones laborales, viviéndolas con menos estrés, pero dejando de ser propulsores del cambio. Es aprender a reducir el estrés en un entorno tóxico, sin luchar por cambiarlo. Al encuadrar el estrés como un problema personal se ofrece el mindfulness como un antídoto para ayudar al trabajador a rendir más y mejor en un entorno desequilibrado y a menudo poco saludable. Se utiliza como una técnica que sirve de narcótico anestesiante en vez de como un verdadero despertar.

Me preocupa la instrumentalización que se le está dando al mindfulness, orientado a satisfacer las necesidades del mercado, en lugar de promover una reflexión crítica de las causas de nuestro sufrimiento colectivo. Para el cambio necesario que alivie el sufrimiento necesitamos una energía muy limpia.

Queremos que cambien las cosas, las situaciones y el rumbo de los sistemas del mundo que vemos cómo van a la deriva. Utilizando el mindfulness como narcótico no lo lograremos.

En las próximas páginas te invito a reflexionar sobre cómo tu presencia heartful puede mitigar las causas del sufrimiento colectivo, organizacional y social. Mindfulness, en su esencia y combinado con heartfulness, nos fortalece para ser propulsores del cambio y transformar con nuestra presencia y comportamiento, contribuyendo a erradicar el sufrimiento en ti, en nosotros y en el mundo.

En los próximos capítulos veremos cómo incrementar el poder de digerir la teoría que seguramente ya tienes clara, para aplicarla en tu vida diaria, es decir, para que se convierta en la sangre que recorre tus venas y te da vitalidad y fuerzas para vivir e influir positivamente en el mundo.

A lo largo del libro utilizo y amplío la comprensión de los términos heartfulness y heartful, mindfulness y mindful. Heartful es quien vive en heartfulness. Una persona heartful vive con el corazón despierto. Mindful es quien vive en mindfulness. Una persona mindful está atenta a lo que piensa y ocurre en sí misma y a su alrededor.

Heartfulness es vivir a corazón pleno y en consciencia plena, teniendo en cuenta que *heart* es corazón y que la consciencia es el corazón del alma, del ser. Es vivir conectado plenamente, no solo conectar desde las ideas, desde la mente, sino también desde el corazón. Heartfulness es vivir desde un corazón compasivo, que es considerado y respetuoso en la presencia del otro reconoce y ve al otro. Un corazón despierto es consciente, está atento, ve lo visible y lo invisible, se da cuenta y decide desde la sabiduría innata. También es un corazón abierto que comparte sus dones. Heartfulness es vivir sintiendo, con las cualidades del corazón que siente con apertura, honestidad y autenticidad.

Mindfulness es atención plena, es concentración en la mente, *mind* en inglés. Es la observación imparcial que percibe sin tomar partido. Es el estado despojado de favoritismos. Es la conciencia del momento presente. Tiene lugar aquí y ahora. Es un estado de alerta. Permite contemplar los fenómenos sin depender de las ideas asociadas al yo, al mí y al mío. Es ser consciente de lo que piensas mientras lo piensas, de lo que sientes mientras lo sientes, de lo que ocurre mientras ocurre.

La consciencia plena combinada con la mirada del corazón, heartful, nos lleva a ver más allá de las apariencias, a indagar para buscar lo real en lo visible y en lo invisible. Ser plenamente consciente te ayuda a no dar nada por sentado, y a indagar por ti mismo.

1. Heartfulness

Heartfulness es difícil de traducir al castellano en una sola palabra. Podría ser «a corazón pleno» y «en consciencia plena», teniendo en cuenta que *heart* es corazón y que la consciencia es el corazón del alma, del ser. Es vivir conectado plenamente, no solo conectar desde las ideas, desde la mente, sino también desde el corazón. Vivir a consciencia plena es sentir la vida. Es vivir la consciencia del corazón despierto. La vida es para sentirla, no para pensarla. Sentir con el corazón. Sentir con la intuición. Sentir con los sentidos abiertos. Sentir con las facultades del ser: la mente, el intelecto, los registros o *sanskaras*. *Sanskaras* es una palabra en hindi que significa las tendencias grabadas en el registro del ser que condicionan nuestros hábitos.

Para sentir, has de escuchar y percibir con todos los sentidos abiertos. Sentir es siempre aquí y ahora. No puedes saber qué sentirás mañana al atardecer. Puedes planificar las acciones, pero no los sentires. Puedes sentir ahora acerca de tu futuro, pero no sabes qué sentirás mañana ni en el futuro. Tu sentimiento sobre el futuro cambia. Lo que sientes siempre lo sientes ahora, en el presente. Un sentimiento puede evocar lo que sentiste en el pasado y lo haces presente. Lo sientes ahora.

Planificas reuniones, encuentros y acciones, lugares y horarios. Si vives aferrado a lo que has planificado, dejas de escuchar las señales que tu cuerpo y el momento te dan. Vives en la mente planificadora que quiere lograr sus objetivos. No estás abierto a lo imprevisto. Dejas de sentir lo apropiado a cada momento. Con lo cual vives en la mente y en la acción, pero no en el corazón ni en consciencia plena.

En ocasiones, me forcé para cumplir los planes que me había marcado y los compromisos que había adquirido. Otras me forcé para seguir los horarios impuestos por la comunidad. Mi cuerpo me decía que parase un rato y descansase, pero con mi mente potente fui tirando del carro sin sentir lo que era mejor. Sin parar, respirar con consciencia ni escuchar. Las personas pasaban por mi lado o las tenía enfrente, y no había tiempo para ellas porque «debía» cumplir con mis planes. Así la vida fue pasando. Compromisos cumplidos pero oportunidades perdidas, y el cuerpo quejándose. Pinturas no pintadas, textos no escritos, paseos no dados, conversaciones no mantenidas, porque «tenía que hacer» otra cosa marcada por el plan.

Cuando empecé a tener pinzamientos de las lumbares, tuve que parar en seco. Fue en 1996 cuando después de un par de pinzamientos empecé a sentir que con tanto mindfulness (concentración en la mente y determinación en la acción), me estaba perdiendo algo. Vivir sintiendo. Necesitaba planificar, pero no ser esclava de mis propios planes. Debía permitirme sentir.

Se trata de encontrar el equilibrio y no irse a los extremos. De vivir sintiendo, conectado contigo, con Dios, con tu cuerpo, con los otros, con la naturaleza y con el tiempo, pero de no perder tu sueño de vista, ni los horizontes hacia los que caminas o quieres caminar. No renunciar a tu sueño fluyendo en el momento, ni adherirte a tu plan dejando de fluir.

Quizá has planificado algo, pero cuando llega la hora sientes que no es el momento, o no es tu momento. Si observas lo que sientes y eres honesto contigo, es decir, que no te estás auto-engañando huyendo o por temor, disciernes y decides que no. No vas a ir. No lo vas a hacer. O irás más tarde. Lo harás otro día. No por pereza ni por procrastinación, sino porque sientes que ahora es mejor no tener la conversación, no ir o no hacer, y te respetas. Quizá habías planificado no ir, no hacerlo, pero sientes que sí, que debes ir, debes hacerlo, que quieres estar ahí con esa persona, en esa situación. Sintiendo que sí, lo harás y sabrás modificar tus planes de no ir que te habías marcado. Logras este nivel de integridad y respeto hacia ti mismo cuando no temes la opinión de los otros, cuando no necesitas quedar bien, cuando vives en ti y no en tus personajes, cuando no estás apegado a tus ideas ni tus planificaciones, cuando confías y eres valiente.

A medida que practicas vivir sintiendo te das cuenta de que las relaciones, las acciones, el trabajo, el dinero y tu cuerpo van fluyendo con lo que va emergiendo y tú eres más feliz, estás en paz contigo y actúas desde tu poder interior. Estás centrado.

Al sentir observas y escuchas más y mejor, y al hacerlo sientes más. Te vuelves más sensible y captas mejor. Dejas de vivir en tu piloto automático, a piñón fijo con el «tengo que hacer... tengo que... tengo que...», y gozas más de vivir y de lo que vives. Tu mirada es más apreciativa.

Ves y escuchas con los ojos bien abiertos y con las orejas abiertas. Sin embargo, si lo haces con actitud crítica, resulta que empiezas a ver y a escuchar lo que no funciona bien, lo que te sienta mal, lo que no te gusta, lo que consideras que tendría que ser diferente. Todo ello despierta en ti la rabia, las resistencias y el malestar. Ver y apreciar, escuchar y valorar no significa negar lo que no te gusta, sino aceptar con consciencia plena lo que es y acogerlo. Desde el espacio de acogida puedes transformar sin romperte ni hundirte y mantienes tu bienestar. Con el bienestar actúas centrado y desde tu fuerza interior. Así eres mejor, estás mejor y es mejor.

La sabiduría del corazón

El corazón es sabio. La sabiduría del corazón nos guía para vivir sin dañar. Su naturaleza es no violenta. Tenemos tal potencial de amor y sabiduría en el corazón de nuestro ser que podemos sanar el planeta. Para ello debemos despertar al potencial de nuestro corazón.

El corazón despierto intuye, siente y comprende al otro. Ve lo esencial aunque sea invisible a los ojos. No necesita razonamientos ni justificaciones lógicas. Sabe lo que es. La voz de la consciencia heartful es la intuición. Explorémosla a continuación.

Intuición

> La mente intuitiva es un regalo sagrado y la mente racional es un fiel sirviente. Hemos creado una sociedad que honra al sirviente y ha olvidado el regalo.
>
> ALBERT EINSTEIN

La intuición es la facultad de una consciencia despierta. Con ella te das cuenta de lo que ocurre dentro y fuera, y tienes una visión global. La intuición es un acceso directo, sin pasar por lo racional, a una información de la que normalmente no somos conscientes. Es la capacidad que tenemos de saber algo sin una base lógica. Sabes algo sin saber cómo lo sabes, lo intuyes y aciertas.

La intuición te ayuda a mantener el rumbo en momentos de incertidumbre. Te conecta con tu brújula interior. En la vida hay muchas situaciones para las que nadie te da una receta. Es tu propia intuición y tu decisión de ese momento las que te salvan de un accidente o las que te protegen de una influencia negativa. Es esa voz interior que en esos momentos te susurra para ayudarte a decidir.

La sabiduría de nuestra intuición nos ofrece una verdadera guía. Cuántas veces tenemos una intuición pero nuestra lógica, nuestra mente, nuestras creencias nos dicen: «No, no, por aquí no, por allá». Después piensas: «Tendría que haber seguido mi intuición. Debería haber hecho lo que intuía». No confiamos en esta intuición porque se mezclan el egoísmo, los miedos, los deseos, las opiniones y las voces que escuchamos.

Nuestras intuiciones son esencialmente mensajes del corazón, no de nuestro corazón físico, sino de nuestro corazón espiritual. Pocos han desarrollado esta facultad intuitiva. Nuestra educación se centra en fortalecer la memoria, en los procesos de la razón y en las estructuras de la racionalidad. A nivel mental, esto comporta mucho ruido. La atención está distraída por la conversación mental y es incapaz de escuchar y de sentir los sentimientos del corazón. Esta estimulación mental puede convertirse fácilmente en una adicción.

La intuición te abre un nuevo canal de información que te permite estar más alineado, más en contacto con tu ser y escuchar dentro y fuera de tu cuerpo, en todo lo que te rodea. Con la intuición no entras en el proceso de analizar, dudar, intelectualizar, cuestionar. Con la intuición haces una valoración rápida y precisa. Lo ves y te hace clic. ¡Eso es!

Has tenido una experiencia intuitiva cuando has accedido a una información que no es «tuya», es decir, cuando sabes algo que nunca has aprendido, descubierto, experimentado o vivido a nivel consciente y, al parecer, esa información es correcta.

Sin embargo, si reaccionas a las situaciones con el piloto automático de tus hábitos y costumbres, de forma distraída, sin tacto, sin sentir al otro, es decir, de forma mindless y heartless, con quejas, rabia, resistencias, falta de aceptación, la intuición no funciona porque te involucras demasiado en lo que ocurre y en tu proceso de pensamiento; le das demasiadas vueltas. No funciona ya que te consideras salvador de la persona o de la situación. Intentas arreglarlo y empeora. No mantienes la claridad. Tomas partido y pierdes la ecuanimidad. Hay demasiado ruido y movimiento en tu interior y no puedes escuchar la voz de la intuición.

En un mundo donde aprendemos a tapar, esconder, proteger, defender y atacar, construimos barreras a nuestro alrededor y en nosotros, de forma que nuestro sentido intuitivo tiene más dificultades para realizar su trabajo.

Se trata de aprender a responder en vez de reaccionar, y hacerlo desde la consciencia plena. La introversión te ayuda a estar presente y a conectarte con tu esencia. En esa conexión emerge la intuición y aprendes a diferenciarla de tu ego y de todas las voces que lo acompañan.

Cuando logras estar presente, aquí y ahora, tienes a tu disposición tu gran potencial y mucha fuerza. Tu energía y vitalidad están aquí presentes. Tu intuición y creatividad se alinean con tu propósito y generosidad, y lo que haces impacta, renueva, genera confianza y esperanza.

Para estar presente, desarrolla el hábito de parar, reflexionar y silenciar. En el silencio recuperas fuerzas, afianzas ideas y aprendes a confiar en tu intuición. Entonces actúas desde el corazón de tu ser. Tus respuestas surgen del amor y la confianza, y no del miedo, del aferramiento ni del rencor.

Una intuición segura y que se manifieste al menos con relativa frecuencia implica y presupone un sólido desarrollo intelectual y espiritual, así como madurez e inteligencia emocional. O, si no, puede divagar hasta la región de la fantasía o confundirse con un impulso emocional.

La intuición es el trazo de unión entre lo personal y lo universal, lo diverso y lo uno, la materia y el espíritu. La intuición es la fuerza del pionero, la inspiración del genio, el fulgor del creador, en el arte como en la ciencia, en la religión como en la filosofía, en la política como en cualquier otro campo en que pueda darse el esfuerzo de conocimiento, de progreso, de creatividad, de perfeccionamiento y de servicio al bien general. Una enorme lista de las mayores figuras de la historia de la humanidad dejó expresamente confirmado que la intuición fue la luz inspiradora que les abrió el camino para lo más importante de sus obras.

La intuición nos abre a otra dimensión de la realidad. Utilizamos la intuición para acceder a un nivel de consciencia diferente del que mantiene el problema. Ya lo dijo Einstein: «Un problema no puede ser resuelto con el mismo nivel de consciencia que lo crea». Con intuición accedemos a otro nivel de consciencia.

El corazón tiene razones que la razón no entiende.
La intuición se siente

La intuición es un canal directo de comunicación con el interior. Lo que frena su expresión es la parte lógica y racional de nuestra mente. Nuestra lógica es limitada. Intentamos ir en línea recta.

Una intuición, si la sigues, en cuanto aparece es suave. Si la reprimes, cuando por fin se expresa puede aparecer en forma de impulso apasionado y compulsivo. No hacer caso a las intuiciones es como ponerse de espaldas a la vida.

La intuición se siente, no se piensa. Lo que se siente luego se convierte en pensamiento. La intuición es siempre del momento presente. Cualquier proceso racional para tomar una decisión lleva tiempo y mucha energía del pensamiento. Las decisiones intuitivas son instantáneas y casi no necesitan energía. Seguir una intuición se denomina seguir a tu corazón. Tienes un sentimiento claro, nítido, luminoso y lo sigues sin analizar, sin necesitar una razón.

Muchos inventores, científicos, emprendedores e investigadores nos explican cómo llegaron a sus mejores decisiones y mayores inspiraciones intuitivamente, mientras estaban en un lugar relajado. Se hallaban en un entorno en el que la mente ruidosa, charlatana, generadora de dudas estaba lo suficiente calmada como para permitirse escuchar esa voz y sentir esos sentimientos. Solo entonces el ego se aparta. El ego está interesado en sabotear y distorsionar las intuiciones. En ese momento, al apartarse, abre un camino claro para que aparezca la intuición, la mensajera de nuestra consciencia.

La intuición nos ayuda a captar señales a través de un lugar, una persona, un ambiente, una vibración. Sin embargo, la forma más profunda de intuición no es la que nos conecta con energías externas, sino la que nos reconecta con la energía interna. Esta energía puede denominarse sabiduría o verdad. Vive en el corazón de nuestra consciencia y nos habla en todo momento de nuestra vida. Cuando la escuchamos, nos damos cuenta de sus mensajes y se abre una dimensión real ante nosotros, se desvanecen los espejismos y las percepciones erróneas.

Puede decirse que la intuición es tu mentora interior; *intuition*, tu tutora interior. Es nuestra profesora, nuestra guía y nuestra amante, ya que es amor, porque la verdad más profunda es que somos amor, y la mejor guía en la vida es el amor.

Corazón despierto

Una persona heartful vive con el corazón despierto. Vive con alegría y vitalidad, sin angustia ni ansiedad. Es abierta y generosa. Heartful es tener un gran corazón que comparte e irradia lo mejor de sí y de más allá de sí. Está conectado con la fuerza suprema del amor, la compasión y la paz, y la irradia. Es un corazón inocente y contento. Es limpio y honesto. Tú también tienes este corazón. Despiértalo y vívelo. Tu vida dará un giro y serás un instrumento para traer la luz al mundo. Entiendo la luz como la sabiduría que elimina la ignorancia, la claridad que disipa las sombras de la falsedad. No me refiero a ser el salvador que salva a todos con su luz, sino que, en cada encuentro con alguien, inspiras, aportas, elevas, cuestionas y transformas.

Heartful es un corazón compasivo. Es atento, considerado en la presencia del otro, reconoce y ve al otro. Cada una de sus palabras, pensamientos y acciones puede realizar un milagro. Una palabra puede abrir una puerta a la oportunidad, un pensamiento puede transformar un ambiente tenso en uno de respeto, una acción puede salvar una vida. Un corazón compasivo ama desde la comprensión, perdona y no guarda rencor; suelta el pasado y agradece el presente; es fuerte para acoger el sufrimiento y vivir en plenitud el camino que lo alivia. Es un corazón que vive en la gratitud.

Agradece estar vivo. Celébralo. Comparte esta celebración y celebremos juntos.

Un corazón despierto es consciente, está atento, ve lo visible y lo invisible, se da cuenta y decide desde la sabiduría innata. No juzga, no etiqueta, no hace suposiciones. Mantiene la ecuanimidad. Acoge el momento y lo vive plenamente. Ve la sombra cuando se acerca, de dentro o de fuera, y se aparta para no luchar inútilmente. Elige bien en qué luchas invertir su energía y su tiempo. Se cuida para no agotarse en luchas infértiles. Sigue pausadamente su camino.

Es como san Jorge, cuando el monstruo está en su vecindario, o en su interior, saca la espada de su sabiduría, y vence al dragón. Así salva a la princesa. Su acción no es solo para salvarse a sí mismo. Tiene en cuenta al otro. Si se ha caído, no le juzga de débil o distraído, sino que le tiende la mano y le ayuda a levantarse. Luego sigue su camino, no se espera a recibir aplausos ni alabanzas. Mantiene su humildad. Sabe y cumple su papel.

En el combate, sabe levantarse después de caer. No se queda en el suelo lamentándose por la caída ni buscando culpables. Como san Jorge, coge la espada y las riendas del caballo y sigue dominando al dragón. El mito de san Jorge y el dragón lo encontramos en muchas culturas. En algunas el dragón es una serpiente, *pythos* (en griego). El mito representa la capacidad de transformar los monstruos internos. Monstruos internos como son la tensión crónica, la falta de compasión por los demás, el rencor, los miedos, la represión de los sentimientos, las fobias, las grandes quejas que no permiten agradecer y el enquistamiento del sufrimiento.

Lo que ocurre es que tememos lo que desconocemos, lo que no tiene forma, lo que está en nuestra sombra, como diría Carl G. Jung. Si lo identificamos, lo nombramos, lo escuchamos y lo miramos cara a cara, lo humanizamos. Se trata de transformar las adversidades y los monstruos en aliados sobre los que cabalgamos. El mito de san Jorge es un mito de transformación: el miedo y el dolor que simboliza el dragón se convierte en una cabalgadura que libera a la princesa. San Jorge no mata al dragón, sino que cabalga sobre él porque lo ha integrado.

Heartful también es un corazón abierto que comparte sus dones. Abraza la incertidumbre y la impermanencia. Abraza y no rechaza. Abraza y transforma. Acoge y consuela. Sabe escuchar sin necesidad de dar consejos. Su presencia es sanadora. Está abierto al amor. Para vivir esta apertura es necesario saber convivir con las situaciones y las relaciones sin permitir que estas determinen tu estado emocional y mental. Se trata de vivir sin que las circunstancias sean creadoras de malestar, estrés, sufrimiento, tristeza, frustración y rabia en tu vida. No se trata de negar esos sentimientos, sino de ser dueño de tu mundo interno, de ser como Nataraja, que danza sobre un enano que simboliza lo ilusorio, los espejismos, lo que no es, lo falso (véase la página 69).

Es un corazón generoso. Dando recibe. No cuenta lo que da. Sabe que dar es recibir. No acumula cosas por miedo a quedarse sin ellas. Un amor calculador acaba seco. En el amor no hay límites. El funcionamiento de la madre naturaleza se basa en la generosidad. Es como los rayos del sol, que inundan todos los rincones, que no ponen límites. Un corazón generoso siente que siempre habrá suficiente.

Con generosidad das lo mejor de ti mismo, y siempre habrá abundancia, nunca te quedarás sin ella. Un corazón generoso es un corazón sin límites: ni el temor ni la rabia lo dominan, ni las opiniones de los otros lo condicionan. Ve más allá de lo aparente. No se deja dominar por las autolimitaciones de la propia mente. Sabe que las creaciones mentales pueden ser cárceles en las que no está dispuesto a entrar.

Es un corazón inocente. Su sabiduría le ha mantenido en la inocencia de la pureza, de la apertura, del asombro por el milagro que es estar vivo y respirar a cada instante. Frente a un bebé soltamos nuestras corazas y nuestras pretensiones, las cortinas se abren y recuperamos el espacio de inocencia de aquel que no conoce siquiera lo que es sentirse culpable. La energía del bebé es limpia, pura, sin espejismos y nos infunde confianza. El bebé nace en la confianza de que el universo le dará lo que necesite para alimentarse, crecer y realizarse.

En presencia de un ser sin corazas nos quitamos las nuestras. Salimos de los espejismos, pretensiones, etiquetas y otras limitaciones, y entramos en un espacio lleno de sinceridad y autenticidad. Nuestro corazón sonríe.

Además de los bebés, hay adultos que tienen la capacidad de llevarnos al espacio de sabia inocencia. Son sabios, santos, gurús, monjes y monjas, son personas que han pasado años liberándose de los espejismos, de las creencias falsas, de los condicionamientos del mundo, y han regresado a su estado de ser original, puro e inocente. Son personas que viven en conexión con la naturaleza y han mantenido la visión y la actitud inocentes.

No debemos confundir inocencia con ingenuidad. La inocencia es un estado de conexión con la sabiduría innata del ser. Surge de un corazón no traumatizado y de una mente no complicada. Para regresar al estado de inocencia original, debes limpiar tu corazón de traumas y desenredar las complicaciones de tu mente.

Desde la inocencia conectas con el otro con autenticidad. En la autenticidad de la inocencia brotan la belleza, la bondad, la virtud y la verdad del ser.

Heartful es un corazón contento y satisfecho. Siente y acoge lo que siente. Transciende los sentimientos que no benefician. Actúa con determinación y valentía. Se mueve con la seguridad de saber quién es y lo que hace en el mundo. Su estilo de vida es sencillo, no necesita de grandes cosas para estar satisfecho. Sabe que la satisfacción surge del buen obrar, de la no violencia, de la escucha compasiva y del habla apropiada. Sabe. Y está satisfecho. Reconoce la ignorancia que impera, y la aleja con la espada del conocimiento, con la balanza de la ecuanimidad, con la palabra asertiva y la mirada amplia. Su comportamiento refleja la sabiduría de su ser.

Es un corazón honesto. El engaño y la mentira no forman parte de su ser ni de su vida. Es transparente. Es lo que es y no finge ser otra cosa. Sabe jugar en los escenarios de la vida, siempre consciente de que él no es el personaje que interpreta. Y en sus ojos siempre trasluce la mirada transparente de un ser honesto.

Su corazón es limpio. Es auténtico. Se vació de las mezclas de rencores y decepciones, de acusaciones y culpas. Contiene el amor divino. Es un corazón de Dios. Acaricia y danza con la melodía más sublime. No se deja llevar por otras músicas ruidosas. No necesita alejarse de la soledad. Está en sí mismo solo, pero está con Dios y con la humanidad entera. Está en comunión.

En el sermón de la montaña, Jesús dijo:

> Dichosos los pobres de corazón, porque el reinado de Dios les pertenece. (…)
> Dichosos los desposeídos, porque heredarán la tierra. (…)
> Dichosos los limpios de corazón, porque verán a Dios. (…)
> Mt 5, 5

Heartful está vacío de todo lo innecesario, es aparentemente pobre y desposeído, pero es un corazón limpio y pleno que ve y siente a Dios.

Vacío pleno

El vacío es el gran espacio que da cabida a ser y a lo esencial. Permite que lo nuevo nazca y lo viejo perezca. Es la vacuidad plena. Plena de lo que da vida y sentido al vivir.

En ocasiones, no sientes el vacío pleno, sino otro vacío deprimente. Cuanto más vacío sientes tu estado de ánimo y tu corazón, menos creativo eres, más distracciones y estímulos externos necesitas. Te pierdes. Acumulas cosas para tener sensación de plenitud. Pero sigues vacío. Este sentirse vacío, sin esencia, sin energía, no es el vacío del que trato aquí.

El espacio vacío creativo es el que creas al soltar dependencias y limpiar recuerdos del pasado. Te vacías de lo que invade tu espacio interior y te hace sentir pena, miedo y rencor. Te vacías de malos sentimientos. Te vacías del «yo» y del «mío» posesivos. «Yo soy…, yo digo…, mi coche, mi traje, mi idea, mi opinión…» Limpias tu espacio de yoes egocéntricos y míos que te aferran. En este espacio limpio, la presencia de la energía más pura y sutil puede actuar, y así brota una creatividad ilimitada.

Es un vacío que crea un espacio de libertad que no está condicionado. Un vacío que permite que experimentes unión y comunión. Dios y la naturaleza pueden inspirarte. ¡Tienes espacio! Desde este vacío creas, transformas y renuevas. Profundizo en el vacío pleno en el apartado «Identidad y plenitud amorosa».

Cada noche revísate, y vacía la mente, empaqueta todos los acontecimientos del día, agradece los aprendizajes. Vacía la cabeza de asuntos inútiles. Vacía el corazón de malos sentimientos, de sentimientos enfermizos, rencorosos. Deja de nutrirlos y de regodearte en ellos sintiéndote una víctima. Suéltalos. Así, el descanso será reparador, tus sueños serán un masaje y te despertarás lleno de energía y vitalidad, sin las preocupaciones cargadas el día anterior.

El estado natural de la mente es el de estar vacía, limpia y silenciosa, y el del corazón es estar calmado y sereno. Una mente y un corazón así acogen el sufrimiento y la alegría sin apegarse a ellos.

Acoger el sufrimiento[1]

El sufrimiento es la medida de cuánto nos hemos desviado de la verdad y el amor auténticos. El sufrimiento es una consecuencia, no una necesidad. Se hace necesario cuando estamos encallados y cuando para salir de lo viejo e incorporar lo nuevo tenemos que transitar por un proceso de «desengancharnos». Algunas religiones lo han convertido en una virtud.

La sociedad occidental está orientada hacia el éxito y el individuo exitoso. Sufrir se asocia a fracaso, a ser débil, a no sentirse suficiente, a no llegar, a sentir que uno no forma parte del sistema productivo y no sirve. Esto incrementa el sentimiento de impotencia. Hay muchas maneras de contribuir activamente a experimentar inquietud mental y sufrimiento. Sufrimos, frustrados, por lo que desearíamos que fuera y no es, por lo que deseamos que hubiera sido y no fue, por lo que deseamos que sea y no llega. Si además generamos pensamientos negativos repetitivos y sentimientos que nos anclan en ese sentirnos víctimas, nuestro pesar aumenta, se vuelve adictivo. Huimos del sufrimiento absorbiéndonos en las acciones. Lo tapamos con consumismo, juegos de azar, adicción, acontecimientos deportivos. Tomamos decisiones por miedo a sufrir o huyendo de él, y dejamos conflictos por resolver. No afrontamos lo que nos ocurre, no nos permitimos sentirlo.

Debemos recuperar nuestro poder interior para no permanecer emocionalmente devastados y mentalmente angustiados; para salir del ciclo traumático en el que a veces nos quedamos atrapados sintiendo indignidad, culpa y trauma, en una palabra: sufriendo.

El dolor corporal nos señala que debemos atender al cuerpo, y así evitamos que el daño o la enfermedad se incrementen. El sufrimiento nos aporta el mensaje de que algo necesita de nuestra atención y cuidado. El sufrimiento emocional nos indica que quizá estamos aguantando algo que no deberíamos aguantar, que quizá lo deberíamos soltar. Quizá hemos de aprender a decir que no, o a decir que sí, o a poner límites; quizá debemos cuidarnos más, o necesitamos más silencio.

Al no oír lo que el sufrimiento nos señala, llega un momento en que se produce una grieta interna. Hemos huido de nuestra propia voz interior, que nos quiere comunicar algo. Acogiendo el sufrimiento, nos permitimos sentirlo, y solo entonces podemos liberarlo. Asumiendo el sufrimiento, haciéndolo tuyo, sentirás de qué te está hablando. El sufrimiento indica la posibilidad de un cambio latente, una transformación que se puede dar a mayor profundidad. Cuando encontramos el sentido de nuestro sufrimiento, este se transforma. ¿Qué se mueve internamente cuando sufrimos?

Cuando nos sentimos motivados por algo, atravesamos la dificultad que se nos presente para lograrlo. La motivación nos ayuda a avanzar. Cuando la serpiente tiene que desprenderse de su piel vieja, escoge transitar entre dos piedras cercanas que le aprieten, le rasquen y le ayuden a desprenderse de su piel. Ese tránsito le provoca dolor, pero le ayuda a desprenderse de lo viejo para dar lugar a lo nuevo. Es como un parto en el que se atraviesa un estrecho espacio para dar nacimiento a una nueva criatura. Es el final de un proceso y el inicio de otro. Y en ese tránsito sufrimos. Si nos resistimos a atravesarlo, nuestro sufrimiento se incrementa, pues no soltamos lo viejo que ya no nos aporta nada, ni damos espacio a lo nuevo que quiere nacer.

El sufrimiento nos indica que algo nuevo está naciendo. Si damos marcha atrás, se va infectando aquello que nos llama a ser transformado. Si lo asumimos y lo atravesamos, cae lo viejo y nace lo nuevo. Se torna necesario fluir con la incertidumbre, ya que uno no sabe lo que ocurrirá después de soltar la piel. No sabe qué le espera después de ese cambio, y esa inquietud le puede provocar una falta de fuerza interior. Sin embargo, desprenderse de aquello que cuando lo soltamos nos libera, nos fortalece y nos hace libres.

Cuando atravesamos el sufrimiento, nadie puede responder por otro. El sufrimiento es intransferible y uno se da cuenta de que el otro sufre y no puede hacer nada, más allá de ofrecerle compañía y estar a su lado; o tú sufres y los otros no pueden hacer nada más que estar a tu lado, ya que es tu sufrimiento, eres tú quien tiene que atravesarlo, es intransferible. Cuando uno quiere evitar que una mariposa sufra al salir del capullo y le abre el capullo para facilitarle el camino, la mariposa no atraviesa el capullo con su propia fuerza, y sus alas se debilitan y muere. Es ella la que debe abrir y atravesar el capullo por sí misma para fortalecerse, y así poder volar. Cada uno de nosotros tenemos que atravesar nuestras piedras para soltar lo viejo, salir de nuestros capullos, y fortalecernos en el tránsito hacia lo nuevo.

El sufrimiento nos ofrece la oportunidad de trabajar aquello que la herida ha provocado. El esfuerzo interno que realizamos a partir de él puede dar un buen resultado. O bien uno puede enquistarse en ese dolor, alargando el sufrimiento y haciéndolo agónico. Lo que retenemos queda enquistado y nos provoca un sufrimiento que lo impregna todo, lo ahoga y nubla todo.

Entregarse en el tránsito que implica el sufrimiento, sin eludirlo, hace que aquello que parece un obstáculo y una gran devastación, se convierta en una oportunidad. No es fácil dar ese salto, pero la clave está en confiar. En un espacio de confianza se crean nuevos dinamismos liberadores, energizantes, que nos revitalizan y abren al sentido de vivir. Cuando nos convertimos en seres desconfiados nos deshumanizamos. La confianza nos humaniza.

Si quieres recuperar la confianza y aliviar el sufrimiento, crea tiempos y espacios para tomar perspectiva respecto a lo que vives. Toma distancia para no ahogarte en ello, y para recuperar la confianza. Con la práctica de la consciencia plena y de la meditación generas una actitud que te permite reconocer y aceptar el sufrimiento y soltarlo. Lo sueltas manteniendo tu visión y tu compromiso con tu sueño, tu propósito, y confías. Al confiar dejas espacio para que el universo y la ayuda vengan a tu encuentro, para que actúe la gracia.

La gracia

La gracia es una energía desinteresada, incondicional, como algo extra, un regalo dado por Dios. Tu intención es buena, y la gracia de Dios te ayuda. Es un acto de amor de Dios. Es una energía benevolente que actúa a través de ti y beneficia a tu alrededor y a aquellos que entran en contacto contigo. Te conviertes en catalizador de la gracia. Depende de tu intención y actitud, de que estés abierto para recibirla. Si tu actitud es clara y de corazón, tu intención beneficiosa y tu corazón limpio está abierto, recibes la gracia de Dios.

El acto de gracia es el inicio del proceso de despertar: no hay una secuencia clara de pasos lógicos que te lleven hasta él, aunque a la mente le encantaría que así fuera. Ocurre, como un momento «ajá», como una flecha que te toca el corazón y lo abre a un despertar del que emergen sentimientos puros de amor universal. Te fortalece. Te da un respiro en el camino. Te renueva la esperanza.

Vive plenamente

Vive plenamente, a corazón pleno, heartful, sin dañar, respetando, en armonía contigo y con el todo. Para vivir plenamente cultiva las siguientes actitudes.

Apertura

Al ser heartful vives abierto. Abierto a la aventura. Abierto al amor. Abierto a lo que la vida pone frente a ti. No rechazas. No te encierras en tu caparazón.

Sabes cuándo protegerte, pero la protección no se convierte en un encierro ni en una huida. No abandonas. En esta apertura, Dios puede transportarte a una realidad sutil, sublime, trascendente, en la cual te sientes canal. Canal de una energía pacificadora y sanadora, que es amor. Te conviertes en un instrumento para transmitir esa energía pura al mundo. En tu apertura estás protegido de las presencias nocivas, como el sol sigue brillando a pesar de las nubes y acaba disolviéndolas o espera a que el viento se las lleve. Es una apertura en la que estás centrado en tu eje.

Involucrada

Una persona heartful no se queda ensimismada en sí misma. Se involucra en los asuntos del mundo. Se muestra interesada por mejorar la sociedad, las relaciones y el medioambiente, y los cuida. Cuida de sí mismo y de las relaciones. Ama a los animales y las plantas. Actúa con paciencia y determinación. Se involucra allí donde es necesario, pero no se enreda, no se queda atrapada en las situaciones ni en las personas. Actúa con poder de presencia transformadora, como un rayo láser, y no como los fuegos artificiales que hacen ruido y desaparecen casi sin dejar rastro.

Humilde

Humildad, es tener valor y estar abierto al aprendizaje y a lo que puede aportarte el otro. Cuando tienes la humildad de ver tus debilidades, entra la valentía.

En la humildad, no te identificas con el yo limitado. No eres narciso. Estás desapegado de ti mismo. Desapegarte de ti es un ejercicio de gran humildad y voluntad porque, al hacerlo, sientes que tu ego muere y emergen resistencias de todo tipo; con humildad las superas. No entras en cuestionamientos de por qué ni por qué a mí, sino que transformas desde el silencio y la aceptación con la pregunta ¿para qué?

Apreciativa

Aprecias las pequeñas cosas. Aprecias lo que tienes y lo que eres. Aprecias la belleza de todo lo que te rodea. Aprecias al otro y su presencia en tu vida. Aprecias la vida y lo vivo. Lo expresas y lo transmites. No esperas a que el otro falte para darte cuenta de lo que tenías que haber apreciado mientras vivía.

Aprecias lo vivido. Aprecias las lecciones que la vida te ha dado, y a través de las cuales tus ojos se han abierto; tu mirada ha cambiado, tú has mejorado y has crecido. Te has fortalecido gracias a estas experiencias. Las aprecias y agradeces.

Generosa

La presencia generosa es la expresión de la abundancia del ser. No se trata de tener mucho, sino de ser y vivir en la conciencia de la abundancia. La naturaleza opera desde la abundancia. Sientes la abundancia desde la confianza de que todo lo necesario saldrá a tu encuentro. Confiar te ayuda a ser generoso. Eres creativo ofreciendo lo mejor de ti. Te conviertes en un donador. Eres generoso, confías en tu abundancia interior. Al dar, te das cuenta de todo lo que yace en tu interior. Y, a cada paso que das, encuentras la plenitud.

No puedes recibir lo que no das. Lo que piensas que el mundo te niega, ya lo tienes, permite que salga de ti o, si no, no sabrás que lo tienes. Invócalo para que emerja. Jesús ya dio la clave de esto cuando dijo: «Cuando oréis pidiendo algo, creed que se os concederá y os sucederá» (Mc 11, 25).

Una presencia generosa comparte. Cuanto más amor compartes, más amor tienes. Cuanto más generoso eres, más retorno recibes. Podemos seguir el ejemplo de Gayatri que explica: «Cuando deseo algo me pregunto: ¿Qué es lo que puedo dar? Si por ejemplo quiero paz en el mundo, la pregunta es: ¿cuál es mi contribución a esa paz? Si quiero amor, ¿cuál es mi contribución al amor? No somos seres vacíos, tenemos un porcentaje en nuestro interior de lo que deseamos».[2] Al compartirlo, empieza a emanar y a crecer. Al compartir desde tu interior, despiertan los tesoros que albergas.

Agradecida y alegre

La humanidad tiene que ver con la alegría, y la alegría tiene que ver con la gratuidad y con la gratitud, es decir, con la conciencia del «don»; en definitiva, la existencia es «don».

Agradeces y te das cuenta de todo lo que tienes que agradecer. Te faltan palabras. Agradeces a tus padres por haberte dado vida, a tus maestros por ayudarte a crecer, a tus amigos por estar a tu lado, a tu cuerpo por estar presente. El agradecimiento inunda tu ser. Tu corazón danza de alegría. El agradecimiento que sientes es inmenso. Estás vivo. Estás aquí. Respiras. Das las gracias. Celébralo.

Benevolente

Tu actitud es de benevolencia. Tu intención es aportar beneficio, beneficiar y beneficiarte. No en el sentido de avaricia por tener y poseer, sino por dar lo mejor y aportar bienestar. Ofrecer una mano amiga cuando es necesario. Distanciarte cuando tienes que dejar espacio para que el otro se aclare por sí mismo. Estar presente sin abandonar. Quieres lo mejor, pero no lo fuerzas ni asfixias al otro. Respetas el hecho de que tiene que andar su camino y encontrar por sí mismo lo mejor para él o para ella.

Inclusiva

Eres inclusivo. No separas, no rechazas, no discriminas por razones externas ni internas. Sabes que en el corazón de cada ser yacen la bondad, la belleza y la autenticidad. Lo despiertas, facilitando que lo mejor emerja en el otro, y lo incluyes abrazándolo en todo su ser. Incluyes con ecuanimidad. No rechazas el mal, pero como san Jorge lo gobiernas con la espada. Como la Dama de la Justicia, lo dominas con entereza y estabilidad interior.

Aventurera

Eliges la aventura. Eliges experimentar. Abierto dispuesto a sorprenderte, maravillarte, indagar, descubrir y aprender. A lanzarte a lo desconocido. A tener la valentía de ser quien quieres ser. A intentar algo diferente, salir de la zona de confort y cruzar las barreras de la pereza y el conformismo. Tu espíritu aventurero no es temerario, sino sublime. Sabes que para elevarte no necesitas drogas ni sustancias. Con apertura, te dejas llevar por la energía trascendente que es dicha, es amor, es puro gozo.

Espontánea

Al vivir de corazón, ser heartful, eres espontáneo, no reprimes, y tu alegría y espíritu jovial te hacen sentirte ligero. Tu corazón sonríe y haces sonreír. Tu espontaneidad es saludable, no hiere ni es maliciosa. Brota de la inocencia de tu ser, del niño o niña interior. No de una actitud infantil, sino de la actitud abierta a maravillarse por ese instante.

Renovadora

La actitud heartful es renovadora. No se encalla ni se queda anquilosada. Siempre renueva. Busca salidas y lo mejor. Siempre abierta a nuevas posibilidades. Es creativa y creadora de espacios llenos de oportunidad y posibilidad. Renueva la mirada, la actitud, para ver más allá de los horizontes limitantes.

Sanadora

Cuando vives heartful, tu actitud es sanadora. No creas pensamientos enfermizos, ni atmósferas de rumores desgastantes. Tus pensamientos se elevan, tus palabras ofrecen esperanza y tu actitud provoca espacios seguros donde la confianza emana la posibilidad de ser y estar bien.

La presencia de ciertas personas en tu vida puede hacerte olvidar el dolor. Cuando un buen amigo o una buena amiga te mira a los ojos y te transporta a un espacio de ternura y de aceptación, en un instante se disuelven tus temores. En ese momento dejas de culpabilizarte y de buscar culpables. Ha actuado la energía de la consciencia amorosa a través de la mirada.

Una presencia curativa se da, por ejemplo, cuando un médico o una persona que sabe cuidar te coge la mano y te transmite una energía sanadora que alimenta tu esperanza. Te dice unas palabras que son como un bálsamo para tu corazón. En ese contacto, ha habido alquimia y tu dolor parece disolverse.

2. Mindfulness

Sati, en pali, idioma original de la literatura budista Theravada, se suele traducir en inglés por «mindfulness» y en castellano por «atención plena». La vivencia *sati* no se halla supeditada a la lógica e implica la experiencia real de la consciencia iluminada.

En pali, se utilizan dos términos para dos tipos de meditación: *Vipassana* y *Samatha*. La práctica del *Vipassana* y del *Samatha* nos ayuda a vivir en mindfulness.

Vipassana se traduce en visión profunda, consciencia clara de lo que ocurre en el mismo momento en que está ocurriendo. Supone develar la consciencia: correr el velo para ver con claridad la realidad. El velo de los espejismos, las percepciones erróneas, las formaciones mentales y las creencias limitantes.

Samatha se traduce en concentración y tranquilidad. Es el estado en el que la mente se centra en un objeto, en una cosa, una palabra, una imagen, una idea.

Sati, o mindfulness, es la observación imparcial que percibe sin tomar partido. Es el estado despojado de favoritismos.

Es la consciencia del momento presente. Sucede aquí y ahora. Es un estado de alerta despojado del ego. Permite contemplar los fenómenos sin depender de las ideas asociadas al yo, al mí y al mío.

Es ser consciente de lo que piensas mientras lo piensas, de lo que sientes mientras lo sientes, de lo que ocurre mientras ocurre. Es ser consciente del cambio mientras ocurre, sin resistencias ni afán de control. Nos permite constatar la naturaleza básica de los fenómenos pasajeros sin querer atraparlos.

Con atención plena te das cuenta cuando te distraes o te alejas de tu propósito. Al darte cuenta regresas a él con facilidad.

Sati también puede traducirse como «memoria», no de recuerdos ni de imágenes procedentes del pasado, sino de conocimiento directo y no verbal de lo que es y de lo que no es, de lo que es correcto –el camino beneficioso– y de lo que es incorrecto –o el camino dañino que prolonga el sufrimiento, el odio y la avaricia–. El *sati* trasciende los símbolos y, por tanto, también las palabras. Las palabras son el dedo que señala la luna, la experiencia es la luna.

En castellano se traduce *sati* como «atención plena». Veamos la importancia de la atención.

Atención

Me gusta la palabra inglesa *awareness*. Ser *aware* implica una mezcla entre ser consciente, estar alerta y atento. Se traduce *awareness* como «ser consciente». Pero para la misma palabra en castellano, en inglés existen dos, una es *consciousness* y la otra, *awareness*. Explico esto al inicio de este apartado porque *awareness* es más que atención. Atención es una palabra que puede implicar rigidez y una connotación militar: ¡atención! Utilizo la palabra atención porque se traduce mindfulness como atención plena y porque no existe una traducción adecuada de la palabra *awareness*. Quizá, en vez de atención plena, deberíamos decir consciencia plena. De hecho, el maestro Thich Nhat Hanh al referirse a *sati* habla de consciencia plena. Pero otros profesores de otras escuelas lo traducen como atención plena y la capacidad de liberarse del estrés.

La atención es la clave necesaria para vivir en libertad y plenamente consciente, para ser el amo de tu vida interior y de tus reacciones. Presta atención a lo que piensas estando despierto, alerta y siendo observador. De esta manera te mantendrás conectado con las capas externas de tu identidad, como son tu cuerpo, tu rol, tu posición, y con lo que tienes que hacer, y al mismo tiempo con tu consciencia interna, con lo que eres y lo que anhela tu ser. Estarás asentado en tu consciencia que es la que observa lo que piensas y haces. Es el «tercer ojo» que ve y presta atención.

Joe Dispenza[3] después de sufrir un grave accidente decidió no operarse y experimentar en sí mismo la capacidad de autocuración. Se arriesgaba a quedarse paralítico. Fascinado por los logros inició una investigación en personas que tuvieron una remisión de su enfermedad y se curaron como por un efecto aparentemente "mágico". Quiso ver qué había en común en todas esas personas. Sus descubrimientos son reveladores. Como resultado de su investigación, nos manifiesta la importancia de la atención y de la meditación para cambiar nuestros hábitos. En su libro *Desarrolla tu cerebro: la ciencia de cambiar tu mente* nos explica que si no logramos pensar más allá de nuestras emociones, viviremos según lo que el entorno ordene a nuestro cuerpo. En lugar de pensar, innovar y crear, no haremos más que activar los recuerdos sinápticos de otras áreas del cerebro en función de nuestra herencia genética o de nuestro pasado personal; seguiremos en la rutina. Estaremos a merced del efecto en lugar de ser los creadores de la causa. La atención es la clave para cambiar este funcionamiento automático.

Tu atención te permite dirigir la energía hacia lo que quieras. Pero… ¡debes estar atento y decidir cuidadosamente hacia dónde quieres dirigir tu energía! A veces fijas tu atención en el futuro o la anclas en el pasado. Entonces, en vez de ser tu aliada, te enreda. El pasado te atormenta y el futuro te provoca ansiedad. Tu atención te mantiene encallado. Debes cambiar el foco de tu atención para salir del tormento o de la ansiedad.

Atención, voluntad y concentración tienen que ir de la mano. Cualquier cosa a la que des atención en tu vida crece y se ilumina. Si te centras en un problema, lo aumentas. Si te centras en la solución, la invocas y la materializas. Atención plena, plena atención, es estar alerta, darte cuenta y ser consciente de lo que ocurre en ti y a tu alrededor.

3. Intención

Mindfulness y heartfulness se basan en el poder de la intención. Uno puede utilizar la atención plena y poner su corazón en una intención destructiva y negativa. Por este motivo, la intención es el eje vertebral del mindfulness y el heartfulness que son positivos y beneficiosos. Creamos cada pensamiento y cada sentimiento con una intención beneficiosa y de servicio. Nuestras intenciones son saludables y no violentas. Debemos practicar la consciencia plena con intenciones elevadas que incluyan al yo, al otro, a la comunidad y al mundo. Son intenciones que unifican, no dividen. Es vivir el compromiso de incidir de manera positiva en el mundo para dejar de ser parte del problema y ser parte de la solución.

Todo lo que hacemos está impulsado por una intención y motivación. Puede tener como finalidad el mero hecho de satisfacer una necesidad, un deseo o una adicción, o bien querer alcanzar un propósito o un anhelo más intangible. Revisa tus intenciones y motivaciones. ¿Para qué vas a decir lo que vas a decir? ¿Para qué vas a hacer lo que vas a hacer? ¿Qué te mueve? ¿Lo que dirás o harás tiene en cuenta al otro? ¿Estás en el camino benevolente o te vas a desviar, debilitar, atrapar? ¿Te liberará y liberará al otro? ¿Es lo mejor para todos? Recuerda que las acciones que te benefician, benefician también a los demás. Las acciones que nos perjudican, perjudican también a los demás. «En el instante que adviertas lo importante que es amarte a ti mismo, dejarás de hacer sufrir a los demás.»[4] Con heartfulness puedes romper las cadenas que te atan al círculo incesante del deseo y el rechazo. En mindfulness reconoces el deseo sin verte atrapado en él.

Cuando mantienes tu propósito en tu consciencia, el poder de la intención actúa con fuerza: creas lo que crees. Los deseos y las intenciones pueden cambiar la manifestación física de la realidad. En el silencio, conecta con tu propósito e intención para que un sentido más profundo impregne lo que haces.

4. Consciencia plena: mindful y heartful

Comprensión

Vivir mindful y heartful nos abre a ser plenamente conscientes, a darnos cuenta de nuestra realidad auténtica, de nuestro yo verdadero, de lo que pensamos y sentimos y de lo que ocurre a nuestro alrededor. Siendo mindful y heartful captamos al otro, sentimos y percibimos sin filtros ni velos que distorsionen lo que es. Es verlo atravesando el velo que lo cubre. Es reconocer su valor intrínseco. Es salir de la ignorancia.

Por lo general, contemplamos la vida a través de un filtro de pensamientos, conceptos e ideas que erróneamente confundimos con la realidad. Vivir mindful y heartful nos permite apartar el velo de falsedades y espejismos a través del cual vivimos en el mundo, es ser consciente del proceso de percepción y de cómo percibimos, hasta poner de relieve el rostro de la realidad última. Gozamos entonces de una visión amplia y profunda, de una consciencia clara de lo que ocurre en el mismo momento en que está ocurriendo.

Siendo mindful y heartful cruzamos el puente del conocer al saber. En ocasiones, el conocimiento pasa a ser información, en vez de sabiduría, y no se transmite en el comportamiento. Uno puede conocer mucho, pero tener una inteligencia emocional precaria y no vivir lo que conoce. La sabiduría está en el corazón: es el conocimiento que has vivido. La sabiduría es experiencial. Transitar de conocer a saber es lograr soberanía personal, conocer tus hábitos y cuáles quieres cambiar. Transitar de conocer a saber es vivir lo que quieres vivir y dominar tus hábitos.

Las creencias que han configurado tu mundo personal dejan de ser teorías y se trasluce la sabiduría en tu comportamiento. De manera que vives un cambio en el que dejas atrás la fragilidad del comportamiento y vives la entereza y seguridad personal. El comportamiento es la demostración práctica de la sabiduría. Uno puede conocer mucho, pero si lo que conoce y predica no se trasluce en su comportamiento, le falta sabiduría.

Al vivir mindful y heartful alcanzas una comprensión práctica. Conservas la claridad, la serenidad y la fuerza para transformar la situación. No te agitas. Mantienes la calma. Cuando realmente se comprende, el conocimiento se convierte en sabiduría.

Vivir mindful y heartful es conectar con tus huellas originales de ser que están arraigadas en tu consciencia. Para conectar con ellas primero debes prestar atención a que tu pensamiento esté alineado con tu consciencia, así podrás trasladarlo al comportamiento. El comportamiento positivo es el espejo que muestra que ha habido una restructuración de los patrones de pensamiento. Las huellas del ser están fundamentadas en los principios inherentes e innatos que respetan la vida y la enaltecen (véase pág. 96).

Las huellas originales de ser conforman nuestra naturaleza primordial que es divina. La naturaleza de Dios es mi naturaleza. Soy a su imagen y semejanza. Lo descubro cuando con la práctica de la consciencia plena se desvelan las virtudes, las cualidades nobles y sanas que permanecen latentes en mi ser. Lo descubro cuando siento que Dios es luz y soy luz. Dios es compasivo y soy compasivo. Dios es ecuánime y soy ecuánime.

Reflejo lo divino como la luna refleja la luz del sol. No significa que son el sol. Vivo la humildad de ser divino y de reflejar lo divino. No puedes escribir tu nombre en el sol. Brillas porque es tu naturaleza original, porque eres luz, y aunque los demás proyecten sombras sobre ti, tú sales por encima, no porque seas superior, sino porque es lo que eres. Tus hábitos adquiridos pierden fuerza y emergen las huellas originales. Tus tendencias más primitivas dejan de dominarte. Cuidas del cuerpo y de los impulsos del cuerpo y los sentidos, pero no estás a merced de ellos. Dejas de ser marioneta del cuerpo, y este se convierte en tu templo.

Hábitos

Tenemos hábitos adquiridos que hemos ido formando por influencias educativas, sociales, culturales y otros hábitos conectados con las huellas originales formadas por los valores intrínsecos del ser. Nuestros hábitos pueden ser mentales, de comportamiento, emocionales, corporales. Algunos hábitos mentales se convierten en dependencias. Hay dependencias mentales que surgen de la imaginación mal canalizada, de creencias falsas o de la debilidad mental. Por ejemplo, esto ocurre cuando el patrón de pensamientos repetitivos hace que te revuelques en sentimientos de culpabilidad. O bien piensas, de forma casi obsesiva, que te quieren hacer daño o que te persiguen. Con estos pensamientos repetitivos vives un malestar constante. Creas realidades según unas suposiciones no comprobadas. Quizá, el otro no tenía intención de hacerte daño, simplemente no supo hacerlo mejor atrapado por sus propios impulsos y sombras. Son hábitos mentales negativos y autodestructores. Destruyen tu claridad, tu bienestar y te quitan libertad.

Nuestras creencias nos limitan, nuestro pasado nos condiciona y nuestros miedos nos impiden vivir nuestros sueños más profundos. Vivimos según un conjunto de creencias que conforman nuestra visión de la vida, nuestras percepciones, actitudes, decisiones, hábitos y comportamientos.

No nos lleva mucho tiempo crear un hábito. Solo tenemos que pensar acerca de algo unas cuantas veces y ponerlo en acción, y eso casi se convierte en algo automático. El pensamiento que precedió a la primera acción aún fue consciente. Pero cuanto más repetimos la acción, más inconscientes nos hacemos del pensamiento que la crea. Llega un momento en que ya no sabemos por qué estamos haciendo lo que hacemos; se ha convertido en un hábito. No somos conscientes constantemente de esa información, pero cuando algún evento o persona hace emerger ciertos sentimientos, emociones o deseos, nos recuerda acerca de ese almacén de registros de experiencias del pasado. Entonces, nos damos cuenta de que siguen en nuestro registro pendientes de limpiar para así poder cambiar el hábito condicionado por él.

Veámoslo en un ejemplo. Leticia suele decirle que sí a Pedro, su marido, siempre que este le propone ir a cenar con Roberto. Leticia se siente mal con Roberto, así que cada vez que termina la cena se propone que en la siguiente ocasión le dirá que no. Pero cuando llega el día, vuelve a decir que sí. Su hábito de decir sí condicionada por querer que Pedro esté contento, la lleva a decir sí cada vez. Y en cada ocasión sale debilitada y mal de la cena. El hábito es decir que sí a Pedro, aunque ello le provoque malestar e incluso la enferme. La creencia de que si dice que no, Pedro se enfadará, o si dice que no, es ser egoísta, la lleva a ir en contra de sí misma y a decir sí. Aunque lo han comentado muchas veces, el hábito de Leticia es muy fuerte. La creencia de que amar es siempre satisfacer la expectativa del otro incluso yendo en contra de lo que es bueno para una misma, la lleva a mantener el hábito. Hasta que no cambie las creencias que lo sustentan y empiece a dar prioridad a su bienestar y a su salud, y se atreva a ver a Pedro molesto porque ahora ya no la dominará, no logrará modificar el hábito.

Para cambiar cualquier hábito, primero hemos de reconocerlo. Sin verlo, no es posible cambiarlo. Luego debemos pensar cómo seríamos si no tuviéramos ese hábito. Es decir, ver la

imagen que nos atrae de lo que queremos, no de lo que no queremos. Es aplicar la Indagación Apreciativa: qué quieres y de
qué es lo que quieres más. En vez de pensar en dejar de fumar,
pensar en ser más atleta, más sano, tener una voz más nítida.
Cambiar un hábito es más fácil si nos atrae lo que queremos,
y verlo nos ayuda. Necesitamos valentía para decir que no a lo
que nos perjudica y decir que sí a la salud y a la vida.

Vivir plenamente conscientes con comprensión y apertura
de corazón, ser mindful y heartful, nos fortalece para cambiar
los hábitos de aferrarnos, de huir del dolor, de identificarnos
con el yo, el mí y el mío limitados, es decir, soltar el apego a
la falsa identificación del yo. Trato sobre la identificación en
el próximo apartado.

En la consciencia plena, con comprensión y apertura (mindful y heartful), aceptamos y transformamos el hábito de rechazar y de resistirnos a lo que es. Dejamos de ser una marioneta
del deseo que está en una búsqueda incesante de placer. Si convertimos la vida en una continua expectativa, en una continua
demanda, nuestra agonía crece incesante e incansablemente,
porque hay una dinámica en el deseo que tiene algo de siempre
estar insatisfecho.

El problema surge cuando perdemos el rumbo con deseos
que mandan sobre nuestra vida, distrayéndonos de nuestro propósito esencial, y llevándonos por caminos de dependencias
que nos merman la capacidad de decidir con lucidez. Luego
sentimos culpa por el tiempo perdido y el dinero malgastado;
con lo cual, se perpetúa nuestro malestar.

Gisela Zuniga resume muy bien la dinámica en la que nos hemos atrapado: «El ser humano ha permitido que lo desvíen de lo auténtico, y que la multiplicidad lo seduzca y se apropie de él. Placeres y posibilidades ilimitados en número, la vacua y resplandeciente pompa del mundo, corren en su dirección como un torrente y se enseñorean de él. Desesperado el hombre vive su vida a la carrera, como un hámster subido a su rueda. Es tal la velocidad a la que lo hace que apenas si tiene tiempo para cobrar aliento. El hombre no vive. Lo viven. Y todo porque ignora que su verdadero sitio está en el centro. Aquí, en el centro, hay paz y tranquilidad».[5] Aquí en el centro, uno es como el auriga de Delfos: domina el carruaje, los caballos, los sentidos y no permite que sus percepciones le engañen. Aquí en el centro, uno ha llegado a casa.

La cara del auriga en Delfos es serena, neutral, calmada, en equilibrio, concentrada en la tarea que lleva entre manos con una maestría fácil del movimiento. Domina el carruaje y los caballos. Domina los sentidos. Vive en su poder personal, centrado en su eje.

Recuperas tu poder personal cuando primero reconoces que necesitas tener un mayor dominio de tu mundo interior y de tus recursos y facultades, como son la mente, el intelecto, los rasgos, condicionamientos y hábitos de tu personalidad.

Reconoce que debes fortalecer valores como la tolerancia, la aceptación y la flexibilidad si quieres sobrevivir en paz a los tiempos de turbulencia y cambios en los que vivimos. Sé consciente de que eres el responsable de tu estado actual. Responsable, no culpable.

Cualquier debilidad, inconsistencia, dispersión, falta de enfoque y fluctuación interna te robará la energía necesaria para sentirte pleno. Debes arriesgarte positivamente a concederte poder. Libérate de cualquier aspecto que te haga sombra y permite que tu ser se manifieste y se exprese con toda su luz.

Identidad y plenitud amorosa

Todos los caminos espirituales nos señalan que debemos vaciar o transformar radicalmente el «yo», y así desaparecerán las sombras que lo rodeaban. Recordemos las palabras de Farid Uddin Attar: «Si destruyes tu yo durante un solo día, estarás luminoso aunque estés toda la noche en la oscuridad. No pronuncies la palabra yo, tú que, a causa del yo, ya has caído en cien desgracias»[6]. La extinción del ego no comporta la aniquilación del yo. Al contrario, permite su manifestación. Se trata de trascender los límites del propio psiquismo: ideas, proyectos, seguridades, apegos y creencias que aún son referencias del yo limitado. De este modo, conseguiremos que los impulsos autocentrados del ego se transformen en capacidades creativas y generadoras de vida y comunión.

No se trata de no tener ideas, proyectos ni seguridades conectadas a los privilegios y posesiones, sino de saber que no son nuestra verdadera identidad. Nos dice Anthony Strano:

En realidad, solo tengo lo que de verdad soy, esta es mi fuerza.
Si me he beneficiado de un nombre,
un rol, un cargo, un grupo o una persona,
llega un momento en que todo se disuelve
y me siento vacío.
Forcejeando para darle un sentido a mi identidad y
desesperado en busca de autoestima,
decido ir «dentro» para encontrarme,
la sabiduría y las soluciones están ya allí.
Sencillamente, necesito recordar.[7]

La identificación errónea con el yo es aquella en la que el ego piensa y controla. Con «yo hago», es el ego quien hace, y, «con yo digo», el ego está aferrado a la idea, a la opinión y a la palabra. Desidentificarte de ese yo significa que te vacías del «mí». Es el mí en el cual me identifico con mis cosas, mi rol, mis ideas, mi posición, mi creación, mis hijos o mis padres. Sueltas las imágenes limitadoras que tienes de ti mismo o que los demás tienen de ti. Estás vacío del mío o mía, del sentido erróneo de posesión y posesividad, de identificarte con los objetos, con las personas, con las propiedades. Te liberas.

Estás vacío del aferramiento a mi religión, a mi país, a mi cultura, a mi política. Este aferramiento es excluyente. Mi religión, mi país, mi cultura, mi política pueden ser estupendas y maravillosas, forman parte de mis raíces culturales, pero el aferrarme a ellas me convierte en una persona que excluye a otros. El aferramiento está en la raíz de los conflictos.

En el vacío de aferramiento no excluyes ni te recluyes. Te conviertes en un ser universal, que no separa, sino que une, no excluye, sino que incluye.

En este espacio vacío, la identificación del yo cambia. Recupero mi identidad auténtica.

- Yo soy: apoyado en los valores, principios y creencias que no me limitan.
- Yo estoy: trabajo mis actitudes y estados anímicos. Estoy dispuesto a superar mis diferencias y a mejorar mis capacidades con optimismo, ilusión y confianza.
- Yo tengo: trabajo con el apoyo de mis capacidades y de otras personas.
- Yo puedo: trabajo mis competencias, que me permiten progresar.

El yo se ha trascendido a sí mismo abriéndose a la alteridad, y ha trascendido su yo egoico conectándose con su verdadero ser que es amor.

Vivir el amor nos permite llegar a la experiencia más plena que un ser humano pueda alcanzar. En esa vivencia nos sentimos unidos, completos y realizados. «Estamos hechos de incompletud –escribe Javier Melloni– para encontrar la plenitud más allá de nosotros mismos. Hemos de trascender nuestro yo-ego para reencontrar la unión perdida. A través de la relación y el gozo, podemos conectar con ella. En el silencio de la contemplación emerge ágape, el amor incondicional que nos une al todo más allá de nosotros mismos.»[8] Vivimos en busca de esta plenitud amorosa. Vamos por muchos caminos equivocados, porque no nos llevan a lo que buscamos, sino a la decepción y al sufrimiento. Debemos encontrar un camino que nos lleve a nuestro centro.

No hay tarea más importante del ser humano que la de conectar con su propia alma y despertar la energía contenida para desplegar el potencial que alberga. Para ello, todas las tradiciones espirituales proponen trascender el ego. El ego nos endurece y nos impide reconocernos como quienes en verdad somos. Las necesidades del ego nos mantienen atrapados y centrados en nosotros mismos, y nos dejamos guiar por nuestra naturaleza inferior. Se trata de desidentificarse con el ego para desprenderse y liberarse del deseo compulsivo y de las fuerzas compulsivas que atrapan al alma y no le permiten acceder a la dimensión trascendente.

Al trascender el ego, nuestra alma es consciente de la realidad más amplia que la que uno puede percibir con los sentidos. Uno se da cuenta de lo que realmente es importante. Deja de reaccionar desde una postura defensiva y se muestra sin miedos tal y como es. La consciencia se abre a nuevas perspectivas, y uno accede al conocimiento más profundo del ser.

A medida que la referencia del ego se va superando, la persona va adquiriendo un conocimiento que ya no está centrado en función de las propias necesidades fisiológicas y psicológicas. Al despertar la consciencia, se descubren los límites del ego, se reconoce la sacralidad del propio ser y se aprende a transcenderlo para entrar en conexión con la sabiduría que nos une a todos y con el Todo. Se manifiesta así el yo más profundo con toda su capacidad creativa, generadora de vida y de comunión.

> Si el grano de trigo no muere cuando cae a tierra,
> se queda sólo, pero si muere, da mucho fruto.
>
> Jn 12, 24

Renunciar al yo limitado implica atravesar varios estados de «muertes» en las que uno se vacía de lo que contenía, y queda inundado plenamente, no de algo que tenga que defender como antes desde la fuerza del ego, sino con la consciencia de que este yo se ha convertido en un receptáculo puro: el corazón del alma, el espacio desalojado por el ego. Cuando se llega a ese lugar, se consigue la comunión con el origen, con el Todo y con todos.

En ese estado, dejas de afectarte negativamente por las situaciones del día a día, permaneces estable y en armonía y sientes serenidad. Tus pensamientos son precisos, no corren como un caballo salvaje, sino que están bajo tu control. Reconoces lo que es auténtico y no te dejas impresionar por los espejismos de la falsedad y la ignorancia. Te liberas de la ira, la rabia, el rencor y la avaricia. Esto te permite ser más generoso. Desde la claridad, te das cuenta antes de actuar de las consecuencias de tus actos y no te dejas llevar por el impulso del deseo ni de las influencias externas, sino que actúas con un discernimiento basado en la sabiduría innata y en el conocimiento de la ley de causa y efecto.

Para salir de la ignorancia, todos los caminos espirituales nos proponen recurrir asiduamente a la oración o a la meditación, donde accedes al alma, a tu consciencia, y te abres a la posibilidad de una conexión trascendente. En el silencio, calmas la voz y el ruido del ego. En la meditación, lo disuelves y te vacías. En la contemplación, despierta la consciencia y la intuición conectada con la sabiduría innata: ahí la individualidad se abre al Todo.

Una persona que vive la consciencia plena es consciente de que si luchara contra el sistema existente, lo que haría es cederle el poder. Es consciente de que el sistema de dominación tiene que ver con la impotencia, con trabajar con cantidades limitadas de energía. Eso es cuando trabajas solo con la energía que te proporcionan tu ego, tu cuerpo y los logros de tus acciones. Cuando trabajas desde la consciencia de la carencia y de la escasez, tu energía es limitada. Ese sistema parte de una base que cree y afirma que solo existe determinada cantidad de energía y que, por eso, debemos quitarles el poder a otros, pues no sabemos dónde o cómo reabastecernos.

Todo lo que tomamos de una fuente dentro del sistema nos mantiene en el sistema y debemos devolverlo al sistema. Por eso nos mantenemos en un círculo, dando vueltas sobre lo mismo sin cambiar la calidad de la energía ni de lo que aportamos al sistema. Por ejemplo, una batería nueva dispone de sus elementos en orden, pero a medida que va entrando en la entropía y sus elementos se desordenan, se va descargando, hasta que se descarga por completo. Los elementos no se pueden ordenar a sí mismos. Para salir de la entropía necesitan cargarse de una fuente externa a su sistema.

Trabajar con energía abundante es ser consciente de que eres un canal, un instrumento, un ser conectado al Todo, a Dios y al universo. Tomar de la energía divina, espiritual y trascendente te da la capacidad de cambiar el sistema unido a otros que también son conscientes de que ahora debemos actuar juntos desde la consciencia despierta.

Tolle nos recuerda que «sin el deterioro provocado por la disfunción egótica, nuestra inteligencia entra en plena sintonía con el ciclo expansivo de la inteligencia universal y su impulso de crear. Nos hacemos participantes conscientes en la creación de forma. No somos nosotros los que creamos, sino la inteligencia universal, que crea a través de nosotros. No nos identificamos con lo que creamos, y así no nos perdemos en lo que hacemos. Estamos aprendiendo que el acto de creación puede implicar energía de enorme intensidad, pero que eso no es "trabajo duro" o agobiante. Tenemos que entender la diferencia entre estrés e intensidad. La lucha o el estrés es una señal de que el ego ha regresado, como también lo son las reacciones negativas cuando encontramos obstáculos. Las únicas acciones que no provocan reacciones contrarias son las que van dirigidas al bien de todos. Son incluyentes, no excluyentes. Unen, no separan».[9]

Asentados en la energía divina interior accedemos a las cantidades abundantes e ilimitadas de energía que están más allá de los límites del sistema imperante, con lo cual, nos convertimos en seres llenos de posibilidad y de poder. Hemos modificado nuestra identidad limitada y nuestro sentido del ser, y así logramos desplazar los límites y eliminar las líneas fronterizas. Hemos trascendido el ego-carácter, el personaje, el yo limitado.

Un ser heartful no solo trasciende, sino que crea trascendencia. Su amor no es asfixiante, ni un amor que se quede entre tú y yo, sino un amor que influye en el mundo, que tiene presencia e impacto transformador. Así es consciente de que la mente –en su estado original– no tiene género, al igual que el alma –en su consciencia eterna– trasciende el género. Es una posibilidad apasionante.

La persona heartful permite que el otro sea. Genera espacios de libertad, de perdón y de reconciliación. Ayuda al otro sin rescatarle, sin sentirle víctima. La conciencia de rescatadores les privaría de su poder. De esta manera, dota de autonomía al otro sin perder su propia energía, sin intentar dominar ni poseer al otro.

Un ser heartful se conoce a sí mismo. Es fuerte pero no agresivo. Es confiable y confiado. Es libre, sin expectativas. Piensa en lo mejor para el otro, y lo otorga. Está conectado con la fuente divina y se siente pleno. Irradia como el sol. No se vacía. La energía fluye a través de él, no se estanca ni se bloquea. No vive solamente de su propia energía. Accede a la energía universal, divina y suprema. Es amor.

Viviendo en el verdadero amor siempre serás hermoso. El amor te hace florecer y ser la mejor versión de ti mismo. Si lo que surge es sufrimiento y otra versión de ti mismo ensombrecida, es señal de que debes retomar el camino hacia tu belleza interior. Practica la consciencia plena para eliminar lo que te provoca pesar. Conecta con tu poder interior, despégate y despega.

Seamos heartful y despeguemos. Deshagámonos de las influencias culturales limitantes y despleguemos todo nuestro potencial. Sintamos que podemos actuar sobre el mundo y cambiarlo, influir en las normas del mundo y transformarlas. Un ser heartful que vive en consciencia plena tiene un poder asociado a su propio valor y talento, y no al sistema ni a los cargos. Un poder que no impone, sino que brota de su autenticidad. Un poder que nos libera de necesitar la aprobación del otro. Asentándonos en este poder somos auténticos, bellos, poderosos, amorosos, tolerantes, compasivos, generosos, delicados y fuertes.

Al ser heartful, tu corazón está abierto a la energía divina, y adquieres una fuerza divina. Te entregas a una presencia confiable que es más grande que el yo. Conectas con una fuente más allá de ti. Te abres a la experiencia divina. A lo que llamo Dios, otros le llaman lo sagrado, la divinidad, la fuerza benevolente del universo. No es una autoridad religiosa que impone, reprime, fuerza y castiga. Su autoridad emana de su saber, su experiencia y su transparencia que refleja lo divino. Es el arco iris de Dios: sus poderes y sus virtudes. Siendo instrumento de la energía divina, siendo canal, emerge tu diosa, tu dios interior, a imagen y semejanza de Dios, y actúan los arquetipos de las diosas. Son diosas del discernimiento (Gayatri) y de la decisión con sabiduría (Sarasvati), del poder de afrontar (Kali), la aceptación (Santosh), la tolerancia (Jagadamba o la Madre del mundo). Diosas con el poder de soltar (Durga), de retraerse (Parvati) y de cooperar, o diosas de la abundancia y la riqueza (Lakshmi).

Son diosas independientes pero con espíritus conectados. Trabajan juntas en un nivel superior de pensamiento y de ser. De este modo, abrazan el mundo sin asfixiarlo. Toman la fuerza y nutrición de su ser, de la Fuente, y no de los efectos de sus acciones. La diosa representa a la mujer y el hombre conectados con y viviendo sus cualidades originales: pureza, poder, paz, felicidad, amor y verdad.

No es posible conquistar la autonomía propia sin entender primero por qué no tenemos ya ese poder que vagamente recordamos haber tenido. Es necesario comprender dónde y cómo lo perdimos; comprender cómo dominar nuestro campo de energía personal para que no se contamine con dependencias o deseos que nos alejen de nuestra esencia. La danza cósmica de Shiva representa esta conquista en la que Nataraja es un símbolo de vencer nuestras sombras. Nataraja danza sobre un enano que simboliza lo ilusorio, los espejismos, lo que no es, lo falso e incluso la encarnación del mal.

Nataraja es una figura de la mitología India, que simboliza la divina danza cósmica de la destrucción y la creación. Se destruye un mundo dañado, agotado, corrupto y se prepara para que la deidad Brahma inicie la creación. La danza cósmica de Shiva, Nataraja, simboliza el ciclo perpetuo de nacimiento, muerte y renovación. Nataraja está rodeado de llamas, y danza manteniendo el equilibrio sobre una criatura demoníaca que simboliza la ignorancia.

Fritjof Capra manifestó que la imagen de Nataraja capturaba perfectamente su experiencia. Dijo: «la danza de Shiva es la danza de la materia subatómica». La física de nuestros tiempos nos habla de la danza rítmica de los átomos. La metáfora de la danza cósmica unifica la mitología antigua, el arte religioso y la física contemporánea.

Aliarte con el tiempo

Cuando algo te apasiona y quieres conseguirlo como sea, tu determinación y proactividad pueden cegarte ante la importancia de tener en cuenta otros factores. Uno de los factores importantes con los que aliarte es el tiempo. Otro es tener en cuenta a las personas necesarias para que tu proyecto vea la luz. Vamos a explorar cómo convertir el tiempo en tu aliado.

Querer algo demasiado y querer conseguirlo a tu manera, puede contener mezclas de egoísmo que bloquean tu alianza con el tiempo y, finalmente, pueden bloquear la consecución de tu sueño. El tiempo es tu aliado cuando escuchas y sabes esperar al momento adecuado. Grandes ideas en tiempos inapropiados fracasan.

Convertir el tiempo en tu aliado significa también integrar los tiempos. Nos irritamos y cansamos cuando corremos tras el tiempo y parece que nunca hay tiempo para uno mismo. Deseamos que llegue ese momento para sentarnos en el sofá y no hacer nada. Pero parece que ese tiempo tarda en llegar o no llega. Y si llega, lo posponemos porque hay algo que hacer. Solemos dividir el tiempo en partes: un tiempo para esto, otro tiempo para atender a una persona, un tiempo para una tarea, otro tiempo para ti. Es decir, tienes tu tiempo y otro tiempo. Integrar los tiempos significa que el tiempo que dedicas a los demás, a las acciones y a los proyectos, no te aleja de ti. Puedes estar plenamente presente y consciente de lo que ocurre fuera a tu alrededor y en ti, así no necesitarás un tiempo aparte para ti, sino que lo integrarás en tu vida diaria.

Se trata de aprender a ser consciente de tu presencia, tus pensamientos y tus acciones en el tiempo presente. Así dejas de correr tras el tiempo buscando tiempo para ti. El tiempo es tuyo. Estás contigo y con el otro, en acción y en silencio interior. Mientras tus manos actúan, tu ser es mindful y heartful. Estás en plena presencia. Lavas los platos y estás contigo. Te duchas y estás contigo. Atiendes a una persona y estás también contigo. Escribes y estás contigo. Caminas y estás contigo. Son tiempos para ti. No desconectas de ti. Estás en ti. Y en presencia y consciencia plena renuevas, no actúas de forma rutinaria, porque entonces actuarías desde el piloto automático e irías a piñón fijo, y luego para recuperarte necesitarías tiempo aparte para ti.

Puedes vivir el tiempo en la rutina o en la renovación. Cuando renuevas sientes que cada momento es nuevo y te brinda una oportunidad. Aunque lo que hagas sea lo mismo, ducharte, tomar el café, coger el metro, la bici o el coche, sentarte en un despacho, escribir, ir a buscar los niños al colegio, etcétera, lo vives con nuevos ojos en cada paso. Cada momento ofrece la posibilidad de un nuevo inicio a medida que te alejas de lo viejo, es decir, de cómo pensaste ayer, de lo que ya no te sirve, de la caída o fracaso que tuviste; todo lo que pasó ya pasó. Dejas de vivir en las etiquetas, en los encasillamientos que te llevan a ver las situaciones como «fijas», y estás abierto a sorprenderte de nuevo.

Este instante es un nuevo punto de partida para ti, aquí y ahora. Sal del pensamiento rutinario y maquinal, sé creativo. Véase más sobre el pensamiento maquinal en la pág. 181. Haz algo con tus manos. Explora tu imaginación. Sé creativo. La creatividad te ayuda a integrar aspectos aparentemente opuestos. Por ejemplo, puedes conectar e integrar:

- El tiempo presente, este instante, con la eternidad. Esto te permite estar aquí presente y, al mismo tiempo, saber que todo es relativo. Cuando conectas con la eternidad, tu visión se amplía y trasciende lo trivial. Te sientes uno con el Todo.
- El pasado con el futuro. Las fortalezas del pasado son el trampolín que te lleva al futuro que más quieres.
- El pasado con el presente. Lo que descubriste que funcionó bien te acompaña a vivir un presente más suave, sin durezas, fluyendo con centramiento interior.

- El presente con el futuro. Tu instante presente, renovador y creativo, te lleva al futuro con entusiasmo.

El tiempo es relativo. Lo que existe es el ahora. Lo que ocurre es que en los armarios de nuestra memoria guardamos archivos de experiencias pasadas que, cada vez que emergen en la pantalla de nuestra mente, se hacen presentes, evocando los mismos sentimientos que sentimos en el pasado. Por eso, te sugiero la práctica de la Indagación Apreciativa: conecta con las fortalezas que has vivido, redescúbrelas y vive las emociones positivas que evocan. Con nuestra mente, invocamos el futuro creando preocupaciones, expectativas, planificando, incluso huyendo del presente, visualizando una salvación futura. Planificando las cosas no necesariamente cambiarán. Necesitamos energía clara y limpia para cambiar. Invoca el futuro con una imagen clara conectada con tus sueños, y así sentirás entusiasmo y vitalidad para recorrer el camino hacia ellos.

Vivir este instante no es negar el pasado, el camino transitado, ni ignorar que creas el futuro. Este instante forma parte de tu recorrido y no está aislado. Se trata de integrar los tiempos. Hay un concepto que aprendí en la India y es el de ser *trikaldarshi*. Ser *trikaldarshi* es ser el que ve y es consciente de los tres aspectos del tiempo: pasado, presente y futuro, de la siguiente forma:

- Pasado: ves tu pasado remoto, el pasado original, tu origen, tu ser desnudo, limpio de influencias, sin adicciones, limpio de contaminación. Es tu origen divino. Tus huellas de ser, que expuse en las páginas 54 y 55.

- Presente: ves tu ser ahora, con sus manchas, sus sombras y con su potencial, con sus debilidades y con sus puntos fuertes. Lo abrazas en su totalidad. No rechazas ninguna parte de ti.

- Futuro: ves Vishnu, ves tu ser completo como lo que eres y puedes ser para vivir en plena forma. Vishnu es una figura de la mitología hindú que representa al ser donador conectado a la esencia. En Vishnu, lo femenino y lo masculino se integran, lo cual no depende del género de la persona. Cada uno y una podemos ser Vishnu: crear con iniciativa y liderarla, nutrirla y sustentarla, cualidades masculinas y femeninas en plena expresión y armonía.

Ser *trikaldarshi* te ayuda a vivir los tiempos integrándolos con comprensión:

- Del pasado: a ver tus errores, ver dónde tropezaste y ver qué te ayudó a levantarte.

- Del presente: a no volver a tropezar en la misma piedra. A discernir y decidir para no crear reacciones opuestas a lo que quieres. Sabes que si cuando dices o haces algo en concreto el otro reaccionará mal, y eso no es lo que quieres, aprendes a contenerte para decir o hacer lo apropiado.

- Del futuro: ves tu sueño hecho realidad. Ves con entusiasmo el camino hacia la consecución de tus sueños.

Siendo *trikaldarshi* aprendes a estar y vivir en el presente sin que tu pasado o el ver tu futuro te alejen de aquí y ahora. Normalmente, sin esta práctica, pensar en el pasado o en el futuro te aleja del presente, y ahora no estás aquí. Vivir el presente es una de las mejores maneras de vencer las preocupaciones y los miedos. Por eso es importante que conviertas el tiempo en tu aliado. No eres esclavo del tiempo, sino creador del tiempo. Si ocupas un puesto de responsabilidad, sueles estar bombardeado con demandas de decisiones e información. El tiempo parece que se te escapa, tienes poco tiempo. Esta es una percepción subjetiva. Puedes cambiar de percepción. Detenerte unos instantes, respirar hondo y agradecer. Calmar tu mente, que no vaya al pasado ni al futuro, y estar aquí. Estás aquí, ¿estás aquí? Ahora.

Tiempo de gozo

Vivir mindful y heartful es vivir liberado de las presiones del tiempo. Para lograrlo no necesitas estar de vacaciones. Sigues activo, responsable y efectivo con tus compromisos, pero vives en el tiempo con gozo. Vives en la satisfacción de ser. Vivir en libertad es vivir en paz con el tiempo. El tiempo es tu aliado. Vives en la dimensión del tiempo siendo creador del tiempo y no esclavo del tiempo. Vives sin ser preso ni víctima del tiempo. Eres dueño del tiempo. El tiempo no te domina.

Cuando vives en paz con el tiempo vives en armonía con la naturaleza, empezando por tu naturaleza interior. Cuando hoy plantas una semilla, no puedes acelerar el proceso para que mañana tengas un árbol frutal. Cuando es de noche, no puedes hacer que el planeta se mueva más rápido o más lento para que salga el sol antes o después. Todo tiene su ritmo en la naturaleza. Nos hemos alejado del ritmo natural y de los biorritmos, y nuestra mente acelerada ejerce presión, crea estrés y provoca ansiedad. Planificamos el futuro, estamos anclados en el pasado y se nos escapa el presente.

Muchas de las preocupaciones tienen que ver con cómo vivimos el tiempo. Preocuparnos por lo que pueda ocurrir cuando aún no ha llegado el momento de que ocurra nos quita la energía necesaria para afrontarlo cuando finalmente llegue. Vivir de los recuerdos nos chupa la energía, el pasado ya pasó y ya no existe, excepto en nuestra memoria. Alimentamos los recuerdos sin darnos cuenta de que, vivir del recuerdo, nos distrae del presente y nos debilita. Es como ser un enchufe que se conecta a una toma de corriente por la que no pasa corriente. Vamos perdiendo nuestra energía. Finalmente, nos sentimos decepcionados y experimentamos un desgaste mental y emocional.

No solo reduce tus fuerzas cómo vives el pasado y proyectas el futuro, sino cómo vives este momento. Cuando, por ejemplo, te opones al presente y tienes resistencias, estas consumen tu energía y te provocan estrés. Si aceptas el presente, puedes fluir con flexibilidad sin malgastar tu energía. Aceptar no significa someterte, ni sentirte víctima de lo que esté ocurriendo ahora. Desde la aceptación, afrontas y transformas.

Si aprendes a vivir las dimensiones del tiempo de forma saludable, mantendrás tu vitalidad, sanarás el pasado y te sentirás en paz con él. Aceptar el presente y confiar en el futuro te ayuda a estar bien.

Lo más importante que debes hacer en este momento es estar bien. Después... ¿qué es lo más importante? Estar bien. Por tanto, la prioridad y lo esencial es que, pase lo que pase en este momento, lo más importante es estar bien. Así que dile a tu mente: «Oh, mente, cállate y no pienses tanto. Oh, mente, confía». Proporciona a tu mente las instrucciones básicas y los pensamientos clave para estar bien. No permitas que tu propia mente cree los pensamientos que te atrapan. Somos nosotros mismos quienes creamos nuestra jaula.

Vivir el tiempo en paz es vivirlo con serenidad, confianza y determinación. No lo vives forzando las cosas. Para vivir la verdadera libertad del ser, hazte amigo del tiempo y deja de vivir estresado en el tiempo. Confía: ya llegaré a tiempo, ya lo haré a tiempo y, si no, ya se solucionará. No permitas que el tiempo sea un factor de estrés.

Cuando vives estresado por el tiempo, te pierdes lo mejor de la vida. Dejas de vivir lo esencial, lo importante, lo prioritario, y te pierdes en los detalles: tengo que ir aquí, tengo que hacer esto, tengo que llamar a alguien, y un sinfín de «tengo que» que consumen tu energía mental y hacen que te pierdas en los detalles de lo trivial. Además, con las prisas, se pierde calidad. Lo puedes hacer todo, pero sin perder lo esencial: hacerlo con amor, con cariño, con interés, con entusiasmo, con motivación.

Así, esa pequeña acción que hagas tendrá un mayor impacto y vivirás en el tiempo de gozo. Y gozando harás gozar a quienes están contigo.

Tú escoges si cada mañana quieres levantarte empezando por escuchar la radio, con prisas, fumando y tomando un café, o quieres levantarte y meditar, sentir el silencio, o escuchar una música tranquilizadora, o leer algo que te inspire, y empezar el día visualizándolo positivamente: hoy será un día maravilloso.

Al inicio del día, temprano por la mañana, al amanecer, empiezo con una meditación. La meditación me conecta con la eternidad del tiempo. Parece como si el tiempo fuera elástico, es eterno y es un instante. Así aprendo a ser creadora del tiempo, a vivir en el tiempo sin que me esclavice.

La verdadera libertad se halla en estar bien ahora. Tú puedes estar bien en el momento presente solucionando el diálogo interior que te genera estrés y conflicto. Cuando estás bien, disfrutando y pasando un buen rato, no te das cuenta de cómo pasa el tiempo. Esto significa que, si viviéramos en un estado de alegría constante, no nos daríamos cuenta de cómo pasa el tiempo. El tiempo estaría a nuestro servicio. Es el tiempo de gozo. Es ahora. Sonríe.

Espera activa: armonía en acción[10]

Cuando creemos que lo tenemos «todo controlado», nos sentimos seguros y caminamos con paso firme. Vivimos planificando y procurando controlar que nuestros planes lleguen a buen puerto. Cuando ocurre algo imprevisto, nos estresamos, irritamos o enojamos. Lo imprevisto no estaba en nuestros planes y la incertidumbre se apodera de nosotros. Tenemos que improvisar sin saber exactamente lo qué ocurrirá, y nos sentimos inseguros de nuestras decisiones y de nuestros actos. La duda se apodera de nosotros. No sabemos qué hacer.

Mantener objetivos y planificar su logro es necesario para obtener lo que uno quiere y llegar a donde quiere. Sin embargo, aunque planifiquemos lo que nosotros haremos, no podemos responder ante lo que harán los demás ni ante las circunstancias e interrupciones imprevistas. Lo cierto es que es imposible tenerlo todo siempre controlado. Cuando la situación aparece como un obstáculo en nuestro camino, aferrarnos a nuestro plan original nos produce tensión, queremos llegar a toda costa a cumplir nuestro plan. No obstante, la nueva circunstancia nos pide quizá un cambio de rumbo, otra respuesta o saber esperar.

Es como cuando el río sale de la cumbre de la montaña con el objetivo de desembocar en el mar. En su camino se encuentra con piedras, montes y desniveles del terreno, y tiene que bordearlos o hacerse subterráneo para luego volver a salir a la superficie, hasta que al fin llega a su destino. Nosotros planificamos el ir en línea recta hacia nuestro objetivo y, cuando aparecen los desniveles, nos emperramos en querer ir recto. Necesitamos flexibilidad y reconocer que quizá no merece la pena luchar para derribar el obstáculo, eso nos desgastará y acabaremos agotados. En cambio, si lo bordeamos y tomamos otro sendero, manteniendo la visión de nuestro objetivo, pero cambiando la manera de llegar a él, disfrutaremos del recorrido y no nos dejaremos la piel en el camino.

Se trata de salir de la actitud de ir a piñón fijo y adoptar una actitud más flexible. Vivir siendo flexibles nos facilita aceptar lo que ocurre y fluir con ello. Para lograrlo debemos recuperar la confianza en nuestros recursos internos, en nuestro conocimiento, nuestro talento, y en nuestra capacidad de superar lo que se presente.

Ante la incertidumbre, podemos luchar en contra de lo que ocurre, podemos resignarnos o bien aceptarlo. Al luchar en contra, nos agotamos. A lo que nos resistimos persiste. Cuando se presenta ante nosotros lo que no habíamos previsto, podemos reaccionar rechazándolo, negándolo, luchando en contra, quejándonos y enojándonos. Cuando vemos que ninguna de estas actitudes soluciona la situación, nos desesperamos e incluso podemos llegar a deprimirnos por la sensación de impotencia que se apodera de nosotros. Todos nuestros intentos han fracasado y la situación de incertidumbre continúa.

Otra opción es vivir resignados a la realidad de lo que ocurre. La resignación nos convierte en víctimas de las circunstancias y de las personas. Nuestra voluntad queda en la sombra y nos permitimos ser marionetas de lo que va ocurriendo.

El modo más saludable de vivir la incertidumbre es aceptarla. La aceptación de lo que ocurre significa que lo reconoces, lo valoras, te das cuenta de que quizá es duro y difícil; reconoces lo que sientes y lo aceptas; aceptas que ahora no tienes las respuestas, o que quizá necesitas ayuda. La aceptación te permite vivir sin angustiarte con la duda de no saber. El aceptar te permite esperar.

La espera activa significa que sostengo el vacío de no saber qué hacer, del cual puede surgir una tranquilidad que me permita ver las cosas con más calma y no precipitarme a la acción. Esperar me da el espacio para ser introspectivo, acoger la situación y observar con el fin de encontrar la mejor respuesta. Es calmar la mente y permitir que la intuición nos hable. La espera nos abre a la escucha y nos posibilita darnos cuenta de lo que la situación pide de nosotros.

Ante la incertidumbre necesitamos confianza, creatividad y coraje. Ir hacia el interior, saber reflexionar, y dejar de buscar culpables fuera; asumir la responsabilidad por cómo nos sentimos. Esperar nos permite hacer este viaje hacia el interior y dejar que la vida fluya siguiendo su curso natural, sin la impulsividad de forzar las situaciones. En vez de buscar respuestas, la espera nos permite encontrar la pregunta adecuada. «Uno reconoce a las personas inteligentes por sus respuestas –afirma Naguib Mahfouz–. A los sabios se les reconoce por sus preguntas.»

Quizá es que debemos aprender a soltar, a no agarrar, a dejar fluir, eso es, a vivir sin resistencias, siendo creadores de cambios constructivos que provoquen mejoras y amplíen nuestros horizontes. Dar apertura a la capacidad de respuesta creativa y positiva, para lo cual es necesario equilibrar la acción con la introversión, el silencio, la reflexión y la meditación. Alcanzamos la capacidad de vivir en armonía cuando nuestra acción se equilibra con la reflexión y se fortalece con el silencio. Nuestra espera entonces no está invadida por la resignación, sino que es una espera en la que se mantiene viva la llama de la esperanza y la confianza de que llegaremos a buen puerto.

Si vivimos la incertidumbre desde un espacio de confianza, nos permitimos asumir riesgos, con iniciativa y sin miedo a equivocarnos. Así iniciamos el camino hacia la soberanía personal. No podemos ejercer un verdadero liderazgo sobre los demás, ni sobre las circunstancias, si no somos capaces de liderar nuestra propia mente, emociones y mundo interior; si queremos dormir y nuestras preocupaciones no nos dejan, si queremos hacer deporte, pero no lo hacemos, si tenemos un cuerpo poco cuidado, si pensamos atropelladamente. Esa falta de soberanía personal y de cuidado del ser nos impide responder con sabiduría ante los imprevistos y ante la incertidumbre.

Practica la espera activa con consciencia plena. Desde la consciencia plena no permites que la situación te hunda, más bien la observas atento y alerta. Y, con esta actitud, acabas venciendo la inseguridad y actúas con todo tu potencial interior: con confianza en ti mismo y en los demás, con tolerancia y apertura, con claridad y determinación, y con la intención de hacer lo mejor para todos.

Equilibrio vital

Cuando tu atención es plena, tu consciencia está despierta y tu corazón es abierto, es decir, cuando eres mindful y heartful, combinas actitudes y cualidades aparentemente opuestas pero que se complementan. Utilizas tus cualidades y aplicas su opuesto cuando es necesario. Es posible que sea difícil conseguirlo porque te identificas más con una que con la otra. Una la vives de forma natural, la tienes integrada en tu ser, tu estar y tu hacer. La otra la tienes que practicar a consciencia para lograr integrarla. Si no lo haces, irás hacia un extremo y eso desequilibrará tu ser y tu hacer. Por ejemplo, si eres paciente, practica la determinación; si eres cauteloso, practica la valentía. Veamos otras combinaciones complementarias.

Observar y participar

Mindfulness te da la apertura para observar, darte cuenta y tomar la distancia adecuada. Heartfulness te da el poder para participar con amor y afecto, cuidando.

Involucrarte y mantener una distancia sana

Mindfulness te ayuda a desapegarte y a mantener una distancia sana. Heartfulness te fortalece para que tu corazón esté presente y te involucres donde y cuando sea necesario sin enredarte ni atraparte.

Concentrarte y fluir

Te concentras, pero no te encierras ni te quedas quieto. Fluyes con lo que ocurre. Acoges y aceptas lo que se necesita, lo haces y lo das.

Claridad y flexibilidad

Tu pensamiento es claro, eres mindful. Pero no rígido, porque tu corazón es flexible, sabe esperar con receptividad al momento adecuado para aplicar el pensamiento claro.

Suave y fuerte

Suave no es débil, y fuerte no es duro. Las personas duras son débiles. De hecho, no es que internamente sean débiles, sino que están débiles porque no se han cuidado ni fortalecido. Ser suave requiere de mucha fortaleza interior para que estés protegido. Eres fuerte sin tensión. Tu fuerza no asusta ni disminuye al otro. Con suavidad te acercas sin perderte en el otro.

Silencio y acción

Mucha acción sin silencio pierde calidad y te pierdes en la acción. Mucho silencio sin acción hace que te pierdas en el mundo de la imaginación y que tu presencia aquí y ahora pierda fuerza. Actúa en el mundo con la claridad que te otorga el silencio.

Amor y desapego

Mucho desapego te vuelve seco. El amor nunca es suficiente, así que ama con todo tu ser, pero no te apegues. En el apego sofocas al otro y te sofocas. Es momento de desapegarte y soltar. Deja espacio para ser.

Humildad y autorrespeto

Sé humilde pero no víctima. Mantente en tu autorrespeto sin soberbia.

Valiente y paciente

Valiente para afrontar y actuar. Paciente para esperar el mejor momento.

Al vivir integrando las diferentes actitudes que se complementan, nos es más fácil mantener la ecuanimidad y el estar bien. Nuestra presencia es transformadora. Al ser ecuánimes, nuestra sabiduría actúa y sabemos cuándo intervenir, hablar y actuar y cuándo retirarnos y callar. Exploremos la ecuanimidad.

Ecuanimidad

La ecuanimidad surge del amor y de una mente serena, y significa no discriminar ni aferrarse a las cosas. Para explicar la ecuanimidad, *upeksha*, Thich Nhat Hanh escribe: «Subes a la cima de una montaña para poder contemplar desde arriba toda la situación, sin dejarte limitar por un lado u otro. Si tu amor está lleno de apegos, de discriminaciones, de prejuicios o se aferra a las cosas, no se trata de un auténtico amor. *Upeksha* es la sabiduría de la equitatividad, la habilidad de considerar a las otras personas como a uno mismo, sin discriminar entre uno mismo y los demás».[11]

La ecuanimidad está presente en ti cuando tu consciencia es plena, y eres mindful y heartful. Al ser ecuánime no te dejas influir por la maldad. No castigas ni te castigas. Eres neutro; lo cual no significa que no intervienes para mejorar y transformar donde es necesario. Con actitud benevolente de servir, contribuyes para corregir el mal. Con ecuanimidad, ves y haces lo apropiado. Sabes que en cada momento lo que es apropiado cambia. Lo que hoy es apropiado, mañana puede no serlo. Hoy quizá debes contenerte y ser paciente. Mañana quizá necesites ser proactivo. Lo apropiado depende de cómo estás, del momento, la situación y las personas. Ser neutro significa que no tomas partido, y quieres lo mejor para las personas en esas situaciones. Tu actitud es benevolente. Tu intención es de servir, contribuir y darte.

No tienes sentimientos amargos por la injusticia. Actúas sin resentimiento ni amargura. No mantienes prejuicios. Lo que ocurre a veces es que quien es apasionado por la justicia termina siendo heartless porque quiere revancha y castigo. Siendo heartful sabes que la solución está en educar, en crear consciencia. No conviertes el pasado en una excusa para luchar por la justicia. Vas más allá de lo que ocurrió para avanzar en un bienestar compartido. Cuando Nelson Mandela habló en afrikaans, el lenguaje del opresor, con un líder de la oposición, lo desarmó. El líder «blanco» no se lo esperaba. Se le cayeron sus defensas ante la actitud de Mandela. Con ecuanimidad no demonizas al enemigo. Pero te mantienes en tu terreno, en tus principios inherentes, con la puerta abierta al diálogo y a la reconciliación. Mantienes un gran corazón. No renuncias a la libertad, pero no utilizas la violencia para obtener justicia.

Thich Nhat Hanh afirma que «mientras nos veamos a nosotros mismos como el que ama y a la otra persona como el ser amado, (dualidad) en tanto nos valoremos más que los demás o nos consideremos diferentes a ellos, no tendremos una auténtica ecuanimidad. Sin *upeksha* es muy probable que tu amor se vuelva posesivo. Quien vive para satisfacerse a sí mismo y utiliza al ser amado como instrumento para llevar a cabo sus propósitos, realmente no ama, sino que destruye. El auténtico amor te permite conservar la libertad tuya y la de la persona amada. Eso es *upeksha*».[12]

Compasión

Con la compasión mantienes la intención y la capacidad de mitigar el sufrimiento y aliviar el dolor. Para lograrlo, observa y escucha con atención. Establece una comunicación profunda, es decir, real, en la que te comunicas con el cuerpo, con la mirada, con el sentir y con la mente. En tu presencia comunicativa, la otra persona se siente mejor. Cuida de tus pensamientos, palabras y acciones.

Una palabra puede aportar consuelo y confianza, puede desvanecer las dudas, ayudar a alguien a no cometer un error. Una palabra soluciona un conflicto y abre la puerta hacia la liberación.

Una acción puede salvar la vida de alguien; puede ayudar a otro a aprovechar una oportunidad excepcional.

Un pensamiento apropiado conduce a las palabras y a las acciones apropiadas.

Veamos otros aspectos de la compasión. La compasión es la virtud que vincula a las grandes religiones. Para los hindúes, *ahimsa* es la no violencia completa, la renuncia a lo perjudicial y al uso de la violencia. Es respeto por la vida. Mahatma Gandhi renovó el ideal y uso *ahimsa* en el sentido de la no violencia aplicándolo a todas las parcelas de la vida, incluida la política. *Ahimsa*, en cuanto al estilo de vida, es no ser violento con los otros seres vivos, por tanto, es ser vegetariano. A nivel relacional, es tratar al otro como te gustaría que te tratara, no hacer a otros lo que no te gustaría que te hicieran: esta es la regla de oro que se encuentra en todas las grandes religiones y que supone tener empatía y compasión.

Para los budistas, la compasión es uno de los pilares y de los propósitos fundamentales de su doctrina. Se trata de una forma de amor activa. *Karuna* se traduce normalmente por «compasión»; la traducción no es del todo correcta, ya que en compasión se incluye el com- –de acompañar a otro, o acompañado de- y pasión –entendido aquí como sufrir–. Pero en *karuna* no se considera el sufrir porque el otro sufra. Sí tener empatía y estar a su lado, aunque si sufrimos demasiado, es posible que nos sintamos abatidos y seamos incapaces de ayudar. «Debemos ser conscientes del sufrimiento, pero, al mismo tiempo, conservar la claridad, la serenidad y la fuerza para poder transformar la situación. Si *karuna* está presente, el mar de lágrimas no podrá ahogarnos. Por eso el Buda es capaz de sonreír.»[13]

En el islam, la compasión se considera como una de las virtudes cardinales. Las 114 azoras del Corán (con una sola excepción) comienzan con las palabras: «En nombre de Dios, el Misericordioso, el Compasivo». De los 99 nombres de Dios, los que se utilizan con mayor frecuencia son los de Misericordioso y Compasivo. Todo musulmán está obligado a sentir compasión (*rahmah*) de los presos, las viudas y los huérfanos.

En el cristianismo, la compasión es una de las claves del Evangelio y de la vida cristiana. El mensaje de la compasión divina atraviesa todo el Antiguo Testamento, como lo confirma Walter Kasper en su libro *La Misericordia*. El Dios del Antiguo Testamento es «clemente y compasivo, paciente y misericordioso» (Sal 145,8; cf. Sal 86,15; 103,8; 116,5).

La compasión es generadora de reconciliación, entendimiento y paz. Las grandes religiones lo predican. Esperemos que pronto sea una práctica que se traslade al comportamiento. Cuando haya paz entre las religiones será posible la paz mundial.

La compasión es una medicina que cura. Cura el corazón de sentir desiertos de soledad y aflicción. Cura la mente de pensamientos negativos invadidos por la ira, la tristeza y el miedo. Cura los traumas del pasado al acoger el sufrimiento y suavizarlo para liberarlo. Cura las relaciones entre personas, entre comunidades y entre pueblos, reconciliando con el perdón, la comprensión y el diálogo.

Compasión no significa que sufres lo que sufre el otro. No necesitas sufrir para disminuir o eliminar el sufrimiento de otra persona. No hagas tuyo el problema del otro. Acoge el sufrimiento para liberarlo. No es fácil porque siempre vamos a la búsqueda del placer. Aceptamos y buscamos el placer y las experiencias bellas. Tenemos un mecanismo arraigado en nosotros que nos hace rechazar y huir de las experiencias feas y dolorosas. Tratamos de evitar el odio, la aversión, la ira y la codicia. Estas emociones son compulsivas y, cuando nos invaden, atrapan nuestra mente y nuestro corazón, encerrándonos en una prisión de sufrimiento que asciende en escalada.

Cuando permitimos que nuestra atención se debilite, nos dominan los mecanismos y hábitos del apego, la identificación y el rechazo. Bajo este dominio no podemos transformar el sufrimiento. Nuestra mente está embotada y nuestro corazón está preso. Para que tu ser se llene de compasión, necesitas desarrollar la consciencia plena. En consciencia plena te das cuenta de la ignorancia en la que el otro está, de los hábitos que lo atrapan y de su debilidad. Entonces, no te da rabia, sino que crece tu compasión. Comprendes que el otro actúa con ignorancia y eres compasivo. En la compasión sintonizas con el otro. No es una misericordia en la que sientes pena por el otro y lo quieres salvar.

En la compasión no eres permisivo. Pones límites desde un espacio de compasión y comprensión, no desde el rechazo y la rabia. Cuando te da rabia cómo actúa el otro, no tienes compasión y caes en la misma trampa en la que está él. La rabia te encarcela en una espiral de emociones que te queman por dentro.

Cuando estuve hace unos años en El Salvador, impartí una conferencia en la que dije: «Si no perdonas, no puedes olvidar. Si no olvidas, no vives en paz. Y sin paz, tu amor no fluye». Al terminar se acercó una señora… ¡tan agradecida! Me contó que hacía más de diez años alguien de la guerrilla había matado a su hijo. No vivía tranquila desde entonces. Guardaba rencor alimentando su ira con querer hacérselas pagar a «ese» que mató a su hijo. Ese rencor no solucionaba la situación, lo único que hacía era incrementar su dolor. Entendió que no había perdonado.

A veces no es posible olvidar, aunque sí que podemos lograr que ya no nos afecte lo que ocurrió. Pero cuando consideramos lo ocurrido como inaceptable, somos incapaces de perdonar. Podemos considerar inaceptables ciertas situaciones vividas que se dan porque se han traicionado unos acuerdos, unos principios, no se han cumplido nuestras expectativas o no se han respetado ciertos valores. Sea cual sea la razón de lo «inaceptable», podemos aferrarnos a ella y quedarnos clavados ahí. Por mucho que no estemos de acuerdo con lo ocurrido, tenemos que aceptar los hechos. Aceptar no significa estar de acuerdo. En el mundo hay mucha rabia en contra de las injusticias. La rabia no soluciona las injusticias, sino que crea más dolor e incluso más injusticias. Necesitamos compasión, ya que como dijo Nelson Mandela: «Si los odiara, seguirían controlándome». La compasión nos libera y libera.

El profesor Robert Enright, de la Universidad de Wisconsin, uno de los pioneros de la terapia del perdón, afirma que: «cuando algo nos ha dañado tendemos a hablar de justicia mucho más a menudo que de perdón». Cuando alguien nos ha defraudado, herido o traicionado, sentimos que tenemos que hacérselo pagar. Creemos que así haremos justicia. Consideramos inaceptable lo que ha hecho y esa rabia nos mantiene atados a la situación y a la persona que nos ofendió. El querer vengarnos pone de manifiesto lo importante que es para nosotros la otra persona. En vez de perdonarle y soltarla, nos atamos más a ella, nutriendo el resentimiento. Y al hacerlo, somos injustos con nosotros mismos: nos mantenemos en el infierno de nuestro fuego interior. El odio afecta a nuestra salud, «envenena» nuestro corazón, mata nuestra paz interior, nos seca de amor y felicidad. El odio es una emoción «incendiaria», destruye la concentración y mata la capacidad de actuar con dignidad y excelencia. Unas sabias palabras dicen: «¿Quieres ser feliz un momento? Véngate. ¿Quieres ser feliz siempre? Perdona».

En una ocasión, un hombre se aprovechó de mí, me engañó y me estafó. Cuando me di cuenta, no me podía creer mi ingenuidad. ¿Cómo permití que ese hombre me mintiese así?

¿Cómo me lo creí y confié? ¿Tan tonta soy? Estos pensamientos me torturaban. Hasta que me di cuenta de que tenía que perdonarme. Aprender la lección, pero no seguir martirizándome por la experiencia vivida. El perdonarme me liberó. Sentí compasión por él. Me di cuenta de que era esclavo de su hábito de mentir y de que estaba muy lejos de sí mismo, queriendo aparentar diferentes personajes que no eran él. Cuando al cabo de un tiempo me encontré casualmente con él, pude mirarle a los ojos.

Toda experiencia vivida, aunque no quisieras vivirla ni siquiera la buscases, la viviste porque te permitiste vivirla. Muchas veces, el problema está en no saber poner los límites cuando nos entregamos a las experiencias. Cuando salen mal buscamos culpables, y aunque los encontremos y les perdonemos, eso no nos alivia del todo hasta que no nos perdonamos a nosotros mismos. Se trata de perdonarte a ti mismo por haberte permitido entrar en esa experiencia. Y desde el perdón nace la compasión hacia ti. Compasión es amor.

Si estamos resentidos, la vía de salida pasa por aceptar y perdonar. Aceptar lo que ha ocurrido; lo cual puede implicar aceptar la pérdida, aceptar que te engañaron, aceptar tu error y el del otro, aceptar que te hirieron o aceptar que mataron a un ser querido. La neuróloga Maria Gudin afirma que superar las ofensas es una tarea sumamente importante, porque el odio y la venganza envenenan la vida. El perdonarte y perdonar abrirá las vías para sanar el corazón dolido. Y así podrás vivir la compasión.

5. El propósito de ser y vivir con sentido

Una pregunta clave en nuestra vida la encontramos en el ¿para qué? ¿Para qué puedes querer ser mindful y heartful y vivir en consciencia plena? Se me ocurren varias respuestas, aunque tú eres el que encontrará la tuya propia. Para mí, vivir en consciencia plena me lleva a vivir con sentido. A ser la mejor versión de mí misma. A que mi presencia pueda ser transformadora. A irradiar lo mejor de mí. Ser mindful para estar aquí. Ser heartful para gozar. Para que vivas la paz, el amor y la felicidad como el camino, y no como la promesa del destino. Para transitar de conocer acerca del amor, la paz, la integridad, la igualdad a vivir en amor, vivir en paz, vivir íntegro, vivir en igualdad. Es decir, para transitar de conocer a ser. El primer paso en ese tránsito es conocer.

El conocimiento no es útil si no se entiende. Entenderlo te ayuda a ser y a vivir con perspectivas más amplias y más completas. El entendimiento adecuado de la realidad te hace ser consciente de que no debes crear daño ni violencia hacia ti ni hacia otro en lo que piensas, dices y haces. A veces tomamos decisiones o hacemos ciertas cosas que acaban perjudicándonos. Con comprensión no las haces. Con comprensión no te precipitas, sabes esperar o actuar cuando es preciso. Gracias a esa precisión no te alteras, permaneces en tu centro, en tu ser, en tu eje.

El conocimiento que nos lleva a vivir con sentido es el de las leyes y principios universales por los que se rige nuestra naturaleza más elevada, verdadera y bella. Conocer estos principios, vivirlos y respetarlos a diario nos convierte en personas sabias que creamos y mantenemos relaciones saludables, que formamos parte de la solución y que nuestra presencia en la Tierra es transformadora. El mundo necesita presencias reconciliadoras, sanadoras, armonizadoras, que fortalezcan el núcleo de la excelencia personal de cada uno para que se exprese lo mejor de sí mismo y las personas se realicen en todo su potencial.

Los principios de una vida con sabiduría

Aplicar el conocimiento en tu vida enaltece tu sentimiento de dignidad y valor personal. Sientes que vales. Cuando la persona siente que tiene poco valor personal, su autoestima flaquea y se siente indefensa e impotente ante muchas situaciones. Conocer, comprender y respetar los principios inherentes de la vida y las leyes universales, te fortalece y crea en ti un sentimiento de valor personal. Tu comprensión del conocimiento y vivir a diario respetando los principios te vuelven más sabio. Al ampliar tu sabiduría, tu vida se convierte en un acto creativo y de servicio.

Cada camino espiritual y religioso ofrece unos principios, mandamientos o disciplinas para ayudar a la persona que busca ser más persona, que busca sentido a su ser y hacer, y quiere vivir estados de consciencia más plenos, a mantenerse en el camino, a no desviarse y a seguir la senda beneficiosa para él y para el mundo. Independientemente de las creencias religiosas, existen unos principios universales que cuando los vivimos y respetamos enaltecemos la vida, y cuando nos alejamos de ellos, provocamos tensión, aversión y destrucción.

Veamos algunos de estos principios.

Interconexión e interdependencia

Somos seres sociales y relacionales. En consciencia plena sabes que no somos yoes separados. Desmontas las barreras que te separan y vives consciente de que formas parte de la comunidad humana y de la interconexión con todos y con todo. Ves al otro como un ser humano parte de la familia humana. Reconoces la existencia del otro. Abrazas su existencia.

Como personas, no somos entidades independientes viajando por el tiempo y el espacio sin que nos afecte lo que nos rodea, no estamos aislados del resto del mundo. Seamos conscientes de la interdependencia. «Al haber visto la realidad de la interdependencia y haberla penetrado en toda su profundidad, ya nada puede oprimirte. Te has liberado», afirma Thich Nhat Hanh.[14] La cuestión está en vivirla saludablemente.

La interconexión es ley de vida. Siendo consciente de tu interconexión con todo y con el Todo, te das cuenta de que lo que piensas, dices y haces tiene impacto. La mentira tiene impacto. Si escondes y engañas, tu interconexión se ve influida por sombras indeseadas. Sé sincero en tus intercambios. Crea paz.

Aprende a protegerte de las malas ondas de los otros y de los entornos tóxicos. Puedes lograrlo comprendiendo al otro, aceptando que eres responsable de tu propia ira, observando, cambiando creencias y mejorando tus respuestas. Asiéntate en tu poder espiritual interior.

En las prácticas de Indagación Apreciativa ampliamos la capacidad de darnos cuenta de cómo estamos interconectados y de crear y mejorar la interconexión compartiendo historias, sueños, anhelos y propósitos. Véase el principio de la totalidad en la página 129.

Respeta

Respeta la vida y respeta la diferencia.

Vivir respetándote es darte donde te quieres dar, es poner límites cuando la situación, tu corazón y tu cuerpo lo requieran, es no transgredir tus valores.

Vivir respetando al prójimo es aceptarlo en el momento en que está, sin presionarlo para que sea diferente. Es verlo con aprecio y respetar sus necesidades y anhelos. Es verlo y reconocerlo.

Vivir respetando a los animales es dejar de torturarlos y no contribuir a que los torturen. Es respetar su hábitat y dejar de destruirlo.

Vivir respetando el planeta es respetar su biodiversidad y sus biorritmos. Es ser generosos y dejar de maltratarlo llevados por nuestra avaricia y codicia.

En el decálogo hebreo se propone el respeto y agradecimiento hacia nuestros progenitores, de quienes procede nuestra vida. Respetarlos es recordar que la vida no es ninguna posesión, sino un don recibido que se transmite de generación en generación.

El respeto es la base del amor y de la libertad.

Comparte lo mejor de ti y practica la regla de oro

Compartir lo mejor de ti te facilita vivir con dignidad y autorrespeto. Busca la calidad en las interacciones. Procura no repartir tu «basura» mental y emocional. Recíclala en el silencio, haciendo deporte, en la naturaleza, escribiendo o compartiendo con una buena amiga, un buen amigo o con una mentora o mentor.

Compartiendo lo mejor de ti brillas y tu presencia en el mundo es transformadora. Para que tu presencia brille necesitas tener la capacidad de liberarte de las influencias que te empequeñecen, de las que te apagan; aquellas que disminuyen tu capacidad de amar, de brillar, de darte cuenta, de sentirte libre y de estar en paz. Esas influencias vienen de fuera y también de tu pasado y de tus hábitos. No temas hacer el ridículo. No temas el rechazo ni la incomprensión. Tú sabes por qué haces lo que haces. Hazlo con brillo. Cree en ti y en tus buenos propósitos.

La regla de oro afirma que uno no debe hacer a otros nada que no quiera que los demás le hagan a él. La sabiduría popular lo expresa así: «No hagas a otro lo que no quieras para ti». Haz a los demás lo que en una situación parecida desearías y esperarías de otras personas. Haz lo que sea mejor para el otro si quieres que el otro haga lo mejor para ti.

La clave para compartir lo mejor de ti es la intención. Hemos creado un paradigma fundamentado en la necesidad, en la avaricia y en la conciencia de escasez. Vivimos pensando cómo podemos enriquecernos más, tener más, conseguir más y crecer más. Para cambiar y pasar a un paradigma fundamentado en la entrega, en la generosidad y en la abundancia, necesitamos crear y vivir siendo servidores. En vez de preguntarnos ¿cómo puedo hacerme más rico, más poderoso y tener más?, quizás debemos cambiar la pregunta y plantearnos ¿qué es lo que el otro necesita?

Mi experiencia y mi vivencia me dicen que sirviendo soy más creativa, más abierta y más feliz. Conecto y me relaciono con muchas personas diferentes cuya presencia enriquece mi vida. El servicio da sentido a mi vida. Sin servir mi vida no es vida.

La pregunta que puedes plantearte para cambiar del quiero y necesito al entrego y comparto es: ¿Cómo puedo ayudar?, ¿qué contribución puedo hacer?, ¿qué cambio significativo puedo aportar? La intención de servir y contribuir revelará y clarificará cuál es la necesidad y qué puedes aportar. Tu corazón se volverá más generoso. Tu mente ampliará fronteras. Tu visión cruzará horizontes. Te darás cuenta de que al servir y contribuir, tu vida adquiere un sentido más pleno.

Aprecia[15]

La vida tiene mucho más sentido cuando la vivimos apreciando, en vez de quejándonos y refunfuñando. Apreciar es valorar, es el acto de reconocer lo mejor en las personas y en el mundo que nos rodea. Cuando apreciamos, descubrimos lo mejor de lo que es y nos abrimos a ver lo que podría ser. Apreciando nos abrimos y sentimos asombro y curiosidad. Una actitud apreciativa incrementa la capacidad generativa y de influir en las personas, y con ello se multiplica su habilidad para provocar cambios saludables.

Cuando nos apreciamos a nosotros mismos, fortalecemos nuestra autoestima. Al descubrir y valorar lo mejor de lo que tenemos, nos proveemos de recursos para afrontar la vida. Cuando este descubrimiento es sincero, sentimos una conexión emocional con nuestras fortalezas y capacidades. Se despiertan en nosotros emociones positivas, como el respeto por uno mismo, la alegría, la esperanza y la inspiración, entre otras. Nos abrimos al aprendizaje. Gracias a la autoconfianza nos atrevemos a asumir riesgos.

Cuando apreciar al otro se convierte en un hábito y en una actitud vital, incrementamos la calidad de nuestras relaciones y contribuimos a que se manifieste lo mejor de las personas.

Cuando apreciamos, cambiamos el cauce de nuestros ríos de emociones negativas, definimos nuevas ubicaciones y cauces que incrementan nuestras emociones positivas. Al apreciar, iluminamos y hacemos brillar lo mejor y más valioso.

Acepta

Acoge lo mejor de lo que es, y desde ahí acepta lo peor de lo que es. No lo hagas al revés. Si te asientas en lo peor, te desmotivas y pierdes confianza.

El aceptarte a ti mismo es la clave para iniciar y realizar cualquier cambio positivo. Implica aprobarte a ti mismo, es el *self approval*. En vez de juzgarte y sabotearte, te apruebas y apoyas a ti mismo en tus propósitos. Es sentir que estás en el lugar adecuado, en el momento preciso, haciendo lo correcto. Desde la aceptación puedes cambiar ciertas creencias. Por ejemplo, antes creías que tenías que hacerte el fuerte para salir al mundo, ahora estás en el mundo y te muestras tal como eres, sin necesidad de demostrar nada. Antes tenías un sentimiento de poca valoración personal, ahora sabes de dónde viene, sabes que no hay motivo para tenerlo y ya no te sientes inferior. Te sientes mejor. Te aceptas y te expresas desde tu aceptación, generando un espacio de aceptación para los demás que, en tu presencia, se sienten abrazados, aceptados y cómodos.

Desde la aceptación creas una acción diferente. Aceptando creas espacios de perdón, respeto, tolerancia, recepción, rendición y sintonización. Veámoslos brevemente:[16]

Aceptando abres un espacio de perdón

Jesús en la cruz dijo: «Padre, perdónales porque no saben lo que hacen». Solo un gran corazón tiene tal capacidad de perdón.

En el espacio de aceptación, amplías los límites de tu corazón y tu potencial de amar. Reconoces que perdonar te da la gran oportunidad de practicar la libertad. Perdonar es un acto libre y de amor. Si no aceptas y no perdonas, el resentimiento te acompaña y marca tu vida.

La grandeza de Dios se vive en su potencial de amor infinito con el cual nos perdona y nos abraza. Si no perdonas, no puedes abrazar al otro. Rechazas y te cuesta ser ecuánime.

Nelson Mandela dijo: «No hay futuro sin perdón». Perdonar implica tener una gran fuerza espiritual; te libera de la venganza y el resentimiento y vives en el amor.

Aceptar crea un espacio de respeto

Das espacio para recibir lo que los demás te puedan enseñar o aportar. Das espacio para que aprendan a su ritmo. Reconoces al otro, lo ves y lo aceptas.

Es un espacio de tolerancia

Aceptas al otro como es. Aceptas lo que es. Para superar los problemas, necesitas poder interno y capacidad de tolerar. Tolerar no significa aguantar. Tolerar es aceptar, comprender y saber afrontar. Es decir, tolerar no es aguantar y luego explotar. En la tolerancia disuelves aquello que, de otra forma, estarías aguantando. Tolerancia es ser como el océano, es decir, saber absorber, disolver y hacer desaparecer.

Es un espacio receptivo

Recibes al otro como es, lo ves, lo reconoces. Recibes los imprevistos y, en esa apertura con aceptación, gozas de lo que es sin resistirte a ello.

Es un espacio de sintonización

Aceptas lo que es y sintonizas con lo que es. Si te resistes, no puedes sintonizar y no percibes, no captas las señales que te dan la situación o el otro y, por tanto, no puedes dar lo mejor de ti mismo para el beneficio mutuo, tuyo y de la situación o de las personas.

Cuando actúas sintonizado con el momento presente, tus acciones se impregnan de la sabiduría de tu ser innato.

Generosidad

Ser generosos en pensamiento y en acción nos da los mejores resultados y nos conecta con el sentido de vivir. Si tus intenciones no son saludables ni generosas, la abundancia no llega. Ser generoso se puede plasmar en la realidad de muchas maneras. Por ejemplo, compartiendo tu tiempo y tus recursos con quienes los necesiten.

La intención generosa no es lo mismo que la caritativa. Uno puede dar por caridad calculándolo. En la generosidad, uno no calcula. Da y se da. En el darse sirve y comparte. Servir despierta el corazón. «Antes de despertar, nuestro gozo consiste en utilizar las cosas de esta Tierra; tras la gracia del despertar, nuestro gozo consiste en servir a las cosas de esta Tierra.»[17]

Otra manifestación de la generosidad se da cuando cuidamos. Cuidar despierta un poder transformador. Está confirmado: cuando cuidas, mejoras. Para salir de las adicciones, del duelo y de otras situaciones difíciles, cuidar es terapéutico. Ya sea cuidar gallinas, cuidar gatos o cuidar a personas necesitadas, minusválidas, enfermas o mayores, cuidar de seres queridos y conocidos, y cuidar de desconocidos. Cuidar abre y te ayuda a dar lo mejor de ti.

Lo opuesto a ser generoso se da cuando nuestro ser está dominado por la avaricia y solo pensamos en cómo tener y conseguir más. Es como si nunca tuviéramos suficiente. Siempre queremos más y más. Hemos creado una sociedad de consumo fundamentada en la necesidad, en la avaricia y en la conciencia de escasez.

Para ser generosos es necesario cambiar el discurso de lo que no funciona y de las carencias. Las palabras crean mundos; y si nuestro discurso está basado en lo que no funciona, seguiremos anclados en las carencias. Nuestro corazón permanecerá encogido y nuestra mente limitada. Pensar y hablar de lo que no te gusta, lo que no va bien, lo que falta, lo que los demás no hacen y consideras deberían hacer, lo que no funciona, provoca más quejas, frustración y malestar. Tu visión está dominada por el no: no quiero esto, no va bien, no mejorará… Y esas imágenes crean tu mundo y es el que compartes. Un mundo del «no» que sustenta el cinismo y la desesperanza.

Las imágenes también crean mundos. Por eso, es necesario aprender a crear imágenes de positividad que broten del agradecimiento y de la apreciación. Imágenes que surgen de la confianza en un futuro mejor, y de vivir los valores que dan sentido a nuestra vida.

Con palabras e imágenes que sustentan el amor y la visión de lo que quieres, es más fácil ser generoso y compartir lo que nos ayuda a avanzar.

Con las quejas, nuestro corazón se cierra; con la apreciación, nuestro corazón se abre. La generosidad emana de un gran corazón, de un corazón abierto y de un corazón fuerte. Cuando nuestra presencia es generosa, valoramos a los demás y los tenemos en cuenta.

No matar

Este es uno de los principios que promulgan todas las grandes religiones. En el hinduismo se denomina la práctica de *ahimsa*, la no violencia. No apoyes ningún acto de matanza en el mundo, ni de seres humanos ni de animales. Esto es más sutil de lo que parece. Si tienes dinero en un banco que invierte en armas, estás apoyando la violencia; si comes carne, apoyas la masacre diaria de miles de animales que malviven a causa de nuestra crueldad. Este principio no se aplica solo en el ámbito corporal. Con la soberbia, la gula, las palabras groseras, el apego posesivo, los celos y las envidias matas la sensibilidad del alma y la dimensión espiritual de la persona.

Los decretos, las leyes y los sistemas de creencias también pueden atrofiar o matar la sensibilidad de las personas. Cuando un grupo o una comunidad vinculada ideológicamente rechaza a alguien porque piensa o actúa diferente, es como matarlo. Por ejemplo, el comunismo en algunos lugares mató o anestesió la sensibilidad espiritual de las personas. Algunos grupos religiosos le hacen sentir a uno culpable por ser diferente, por pensar diferente, lo rechazan. En otros grupos, se burlan de ti si no eres como ellos. Querer que otro sea igual al grupo y no apoyar su excepcionalidad creativa, su aporte único, es como matarlo. Son diferentes formas de matar nuestra originalidad, nuestra capacidad creativa y el cultivo de nuestros dones.

No crear sufrimiento ni explotación

A veces, no somos conscientes del sufrimiento que provocamos. Este principio nos sugiere no participar en crear sufrimiento ni explotación, lo cual no significa huir del sufrimiento. Más bien no deberíamos huir de él, sino acogerlo. Véase apartado «Acoger el sufrimiento», en pág. 35. Se trata de estar involucrado en acompañar a la persona que sufre para que reconecte con su poder interior, pero siendo consciente de la diferencia entre involucrarse y enredarse. Si te enredas, te quedas atrapado en la conciencia de querer salvar al otro, y acabas cayendo en las arenas movedizas en las que está.

A veces, el sufrimiento se provoca manipulando. ¿Te has sentido presionado a realizar algo que no querías? ¿Te has sentido coaccionado a decir sí cuando en realidad querías decir no? Cuando esto ocurre, sufres. Cuando actuamos bajo la influencia de otro y nos dejamos llevar por opiniones ajenas, no estamos centrados en nuestro poder personal y sufrimos. Para que no nos manipulen, debemos tener claro dónde y cuándo poner límites. Debemos atrevernos a decir no sin miedo al juicio del otro, al fracaso o al rechazo. Mientras tengamos miedo a que nos rechacen, seremos manipulados, porque esta es precisamente una de las armas del manipulador: «si no actúas como quiero, no te hablaré más».

No robar

El no robar es uno de los mandamientos que forma parte del código moral de la mayoría de las religiones. Se trata de no apropiarse de lo que pertenece a otro.

También hay otras formas de robar.

Robamos de la madre naturaleza. Robamos modificando genéticamente las semillas, desequilibrando el ciclo natural. Robamos las propiedades biológicas de las semillas y las convertimos en transgénicas. Robamos tierras. Matamos animales destruyendo el ciclo natural, como cuando matamos abejas (con insecticidas, al romper el ciclo de la polinización, robamos la miel de los paneles de abejas sin respetarlas, robamos colonias de abejas silvestres, etcétera).

Robamos la libertad de otras personas, manipulándolas, engañándolas, poniendo condiciones y ejerciendo chantaje.

Vivimos en una cultura basada en robar, lo cual nos lleva al desequilibrio, a la corrupción, a la soledad, a sentirnos incomprendidos, tristes y desconfiados.

¿A quién sirve tu dinero?

Ser conscientes de que el dinero que ganemos se utilice e invierta en fines no violentos, que respeten la naturaleza y no amplíen la diferencia norte/sur, pobres/ricos. Por ejemplo, no invertir en proyectos, en fondos de inversión ni en bancos que sirvan para sustentar la avaricia, la destrucción del medioambiente e incremento del calentamiento global, la fabricación de armas, las energías fósiles.

Joan A. Melé, en su libro *Dinero y conciencia*,[18] afirma que: «la economía es la relación entre seres humanos, su trabajo y el planeta Tierra que nos da sustento a todos». Nos plantea algunas preguntas que pueden ayudarnos a ser más conscientes respecto a nuestra relación con el dinero: ¿Dónde pones tu dinero? ¿Qué compras? ¿Por qué lo compras? ¿A quién se lo compras? ¿Cuánto ahorras? ¿Por qué ahorras? ¿Dónde ahorras? ¿Qué van a hacer con tu dinero? ¿Donas? ¿Cuánto donas? ¿Por qué donas? ¿A quién donas?

Consumo responsable y consciente

Muchas industrias tóxicas para el planeta sobreviven gracias a nuestro consumo. Si no consumiéramos sus productos, esas industrias tendrían que reinventarse o morirían. Ser consumidor responsable es ser consciente del impacto que tienes con lo que compras, por qué lo compras y a quién se lo compras.

«La pregunta de qué compramos tiene que ver con el respeto al mundo y al medioambiente –afirma Joan A. Melé–. ¿Este alimento que estás comprando es ecológico? ¿Esta ropa que llevas está producida de forma ética y responsable con el entorno? ¿Estos muebles tienen una certificación de que en su fabricación no se ha perjudicado el medioambiente?»[19]

«De las causas del cambio climático atribuido a la acción humana, el mayor porcentaje no lo constituyen la contaminación por vehículos particulares ni por las grandes industrias: el sesenta por ciento del factor humano de cambio climático se debe a la agricultura intensiva. Esta incluye los fertilizantes químicos y los pesticidas, la agricultura irracional que provee a miles de kilómetros de distancia productos agrícolas que no son de temporada en las zonas de consumo.» Además cabe añadir «la producción de carne en un lugar del mundo para consumo humano a miles de kilómetros de distancia, impone una reflexión sobre nuestra relación con los animales que consumimos y en especial con el sufrimiento que les estamos infligiendo. Millones de animales que nacen y mueren encerrados, que jamás en su vida podrán moverse en su entorno natural frente a la indiferencia y el menosprecio de los humanos que los explotan.

»La pregunta es: ¿consumes ecológico? Es una pregunta importante por sí misma porque forma parte de otra cuestión fundamental: ¿qué parte de responsabilidad me corresponde a mí en el cambio climático y la destrucción de la Tierra? Y la respuesta es "toda" porque el consumo ecológico no debería ser una alternativa, sino el único permitido.

»Es un problema personal. Hagan lo que hagan las personas alrededor, el cambio vendrá de ti, de cada uno, de todos aquellos que decidan por sí mismos lo que quieren hacer.»[20]

No alimentes el consumo irresponsable. No huyas de la soledad, consumiendo compulsivamente, perdiéndote en consumir sustancias o aficionándote a juegos que generen adicción. Ejerce tu poder como consumidor y no contribuyas consumiendo productos que perpetúan el ciclo del empobrecimiento de las personas y de la Tierra. «El consumo responsable, el consumo consciente, tiene que ver con el conocimiento de ti mismo y con el conocimiento y el respeto al planeta.»[21]

Sexualidad consciente

La pulsión sexual es una de las grandes fuerzas vitales que debemos saber canalizar adecuadamente para vivir en plenitud y sin causarnos sufrimiento.

Se trata de vivir la sexualidad desde la autenticidad y el amor verdadero, con espontaneidad, ternura y comunicación abierta.

Debido a nuestra carencia y necesidad, a sentirnos separados, buscamos la unidad atraídos por la fuerza de Eros. Nos mueven el amor, el deseo y el gozo. La atracción corporal despierta los sentidos con el afán de fundirnos en el otro, gozando de todas las sensaciones que se mueven con la entrega. Sin embargo, en esa entrega nos damos cuenta de que nadie acabará de llenarnos del todo, ya que la otra persona también tiene sus carencias y necesidades.

El deseo sexual puede llevarnos a abrirnos al otro, a ir más allá de uno mismo para encontrar con el otro una experiencia sublime. Sin embargo, el deseo sexual que no lleva más allá de uno mismo, sino que nos encierra en nuestra pasión y deseo egoísta de propia satisfacción, es destructor. Destruye al otro al considerarlo un mero objeto de placer, lo reduce a una mercancía en la que no tiene ni rostro ni dignidad. Además, se destruye a sí mismo, al convertirse en esclavo de su propia pasión descontrolada.

La sexualidad tiene un gran potencial espiritual cuando uno es capaz de salirse de sí mismo para darse y acceder, junto a la persona amada, a una dimensión trascendente y divina. Se convierte en una experiencia de trascendencia de la individualidad y de acceso a las fuerzas del universo en las que el gozo no se queda encerrado en uno mismo, sino que es una donación del sí mismo al otro y al Todo.

La fuerza de la sexualidad es tan embriagadora que las comunidades religiosas y espirituales han temido a lo largo de los siglos que pudiera destruir el frágil equilibrio de las relaciones en el seno de la comunidad y, además, constituyera una fuerza de distracción de la práctica contemplativa. Por eso encontramos en muchas tradiciones que en sus comunidades se practica la abstinencia sexual. La continencia sexual, cuando se practica desde la comprensión y no desde la represión, permite la transformación progresiva de esa pulsión de la libido hacia espacios de amor abiertos al ágape, en los que el amor está descentrado de sí mismo.

No mentir

Ser sincero y no mentir es la capacidad de afrontar la realidad sin escapismos; es defender la autenticidad de la palabra y de la propia vida. Sé honesto contigo mismo y con los demás. Esto te hace digno de confianza. La mentira rompe la confianza. Es mejor afrontar la realidad y dejar de esconder y de esconderte. Con transparencia vivirás en paz.

Además de no mentir, es importante prestar atención al poder de nuestra palabra y que esta sea apropiada.

Escucha compasiva y habla apropiada

Escucha sin juzgar. Esto es posible desde un lugar de aceptación. Cuando te aceptas a ti mismo estás cómodo en ti, y puedes escuchar con serenidad y calma. Si no te aceptas a ti mismo, te cuesta aceptar al otro y le juzgas.

A veces sientes que no te escuchan. Revísate y reflexiona. Puede ocurrir que el que siente que no es escuchado es porque no escucha a los demás. ¿Sientes a menudo que hablas a la pared? ¿Te sientes menospreciado porque las personas no aceptan tu opinión?

Habla con palabras que inspiren confianza, amor y verdad.

Habla con palabras sinceras. Sin-cera, es decir, sin máscara.

No hables mal de los demás. No exageres. No difundas noticias que no sepas si son ciertas. No crees rumores, ni tampoco te los creas.

No apegarse a las opiniones

Ten opiniones y exprésalas. Pero suéltalas; no te apegues a ellas. El desapego salvaguarda la integridad de lo que es. No te obsesiones con tus opiniones, porque, cuando lo haces, te convences de que ese es el camino adecuado y dejas de escuchar a los demás. Tus perspectivas se cierran y tu visión se estrecha.

Si crees que tienes razón y te preguntas ¿por qué los demás no lo entienden?, ¿cómo es que no se dan cuenta de este punto de vista que creo que es cierto?; si te sientes cómodo con tu punto de vista y no necesitas que otras personas crean en él para que sea real para ti, quizá es momento de cuestionar tus certezas.

Vivir estos principios es solo el inicio hacia una apertura del cuerpo, de la mente, de la consciencia y el espíritu. Nos sirven de base para acceder a niveles de consciencia más elevados en los que la interconexión que sentimos con el Todo nos nutre y nutre, nos abre el corazón y todos los puntos energéticos (*chakras*). Nuestra mente es oasis de paz, nuestro corazón, receptáculo de sentimientos puros, y nuestro cuerpo, templo del alma. Logramos limpiar nuestros karmas y cargas o sombras que hubiera sobre nosotros. Es un proceso liberador que no se puede dar si uno no respeta los principios en su vida, ya que, al no vivirlos, crea conflictos o cargas sobre sí mismo y sobre el mundo.

Fundamentos para una existencia con sentido

Cuando nos permitimos abrirnos a la inocencia, toda existencia se vuelve sagrada.[22]

JACK KORNFIELD

Vivir los principios tratados en el apartado anterior como fundamentos de tu sistema de vida te permite ser íntegro. Vives los valores de tu ser. No los transgredes. Te respetas a ti mismo, a los demás y a tu entorno. Asumes la responsabilidad y no la pones fuera de ti mismo, en ideales, en otras personas, en situaciones, ni en sistemas. No transgredes tus principios, pero no eres rígido. Mantienes la flexibilidad que te permite incluir otras perspectivas que te enriquecen y amplían tu horizonte. No permites que tu sistema interno esté contaminado por tus miedos y dudas.

Lo que te brinda estabilidad y poder personal es vivir en tu eje, basándote en tu sistema interno, que está formado por las huellas de tu alma, tus instintos más enraizados, como son el de amar y ser amado, tus pensamientos y tus sentimientos. Vivimos nuestra existencia en sistemas que se acogen en el tiempo y en el espacio. Las siguientes preguntas nos abren al descubrimiento de los fundamentos de nuestra existencia personal:

- ¿En qué sistema te basas para vivir?
- ¿Cuáles son los fundamentos de tu sistema?

Vivir en tu sistema interior, basado en los principios que he planteado en el apartado anterior, te asegura paz y poder personal.

Si te basas en sistemas de creencias externos, ideales externos, opiniones que no son propias, entonces vives a merced de esos sistemas. El sistema externo actualmente es corrupto. En él se vive un centramiento erróneo en uno mismo, es el egoísmo salvaje y depredador. Vivirlo es vivir en un espejismo donde la identidad se basa en el tener y no en el ser; en tener propiedades, privilegios, poder, posición. Creer que los espejismos son realidad es peligroso pues puede destruir. Estos espejismos se denominan *mara* en el budismo, o *maya* en el hinduismo, y representan la ignorancia. Cuando vives en *maya* eres víctima del sistema y de ciertas personas.

Puedes encontrarte con personas que son como parásitos: existen a través de los demás; carecen de respeto hacia sí mismos y hacia los demás; no tienen raíces, porque no las han nutrido o se han podrido. Hay plantas sin raíces que viven enganchadas a un árbol y acaban matándolo. Se necesita mucha consciencia plena y estar alerta para no entrar en esta dinámica, porque si tienes una necesidad y quieres que otro la satisfaga, acabas entrando en una dinámica de dependencia tóxica en la que uno es parásito del otro. Se pierde la dignidad y se ejerce violencia. ¿Cómo es que uno cae una y otra vez en ser víctima en las relaciones?, ¿qué hay en el oprimido que permite que el opresor siga haciéndolo? Algo de dinámica parasitaria hay. Uno existe a través del otro.

Para dejar de ser víctima de este ciclo de manipulación y opresión, debes salir de la ignorancia y recuperar tu soberanía personal. Tu sistema interior madura a medida que tu entendimiento y comprensión se clarifican. Dejas de sentirte víctima y también de sentirte salvador. El peligro de pasar de sentirnos víctimas a sentirnos salvadores nos mantiene atados. Cuando te consideras salvador, te enredas; por apego no quieres que la otra persona sufra. A veces, la mejor cooperación que podemos ofrecer es la de estar presentes y tener buenos sentimientos para que la persona salga de su atolladero.

Por otro lado, deja de ser víctima. Cultiva tu autoestima y valórate. Recupera tu autorrespeto, y encontrarás oportunidades. Lo que te ocurrió no fue una maldición, fue una situación que te aportó aprendizajes. Aprende y avanza. No te quedes esclavizado con la visión negativa de que fue un castigo o una maldición. No estás condenado por errores del pasado. Levántate y avanza. Cada día comunícate con tu sueño. Esto te sustenta. Te da vida. Te mantiene encarrilado, en marcha, vital, *on the go*.

Prioriza tu dignidad y el universo te ayudará. Prioriza tu existencia, vales y tiene valor que estés aquí. Comprométete contigo, con tu sueño y con el mundo. Encuentra tu propósito y vívelo. Elige y comprométete con tu elección. No te dejes descarrilar por el fracaso ni por el éxito. Mantén tus buenas intenciones, tu honestidad y sé verdadero con tus sueños. Sigue avanzando en la dirección que has elegido, manteniendo tu integridad. No transgredas tus principios. Pero comprométete.

Entonces, algo internamente abrirá puertas para desatar tu poder y obtener ayuda. La gracia te acompañará. Muchas cosas
emergen una vez te has comprometido. Las personas no se dan
cuenta de cuánto poder tienen una vez se comprometen con una
elección. El compromiso desata el poder e invita al universo a
ayudar. Es la gracia actuando en la práctica.

6. Mindfulness y heartfulness personal y colectivo con la Indagación Apreciativa

Vivir a corazón abierto y en plena consciencia aporta muchos beneficios a nivel personal. Además, uno irradia positividad, claridad y capacidad de despertar el núcleo positivo de quienes lo rodean. La cuestión es que dados los tiempos en los que vivimos, necesitamos un despertar global, una consciencia plena colectiva que nos permita recuperar la capacidad de vivir plenamente con el corazón abierto, heartful, para crear entre todos un mundo mejor, más sostenible, más vivible, más pacífico y armonioso; para que nuestras relaciones sean una mayor fuente de sabiduría, felicidad y armonía. Hay diferentes metodologías y prácticas filosóficas y terapéuticas que se encaminan hacia estos logros. Hay metodologías que facilitan el aflorar de la sabiduría colectiva. Una de ellas es la Indagación Apreciativa.

La Indagación Apreciativa es una filosofía de vida que propone un proceso y una metodología que impulsan el cambio, incrementan las fortalezas y las convierten en hábitos, y promueven el compromiso, el crecimiento, la ilusión y la motivación. La Indagación Apreciativa facilita el liderazgo participativo que hace aflorar la sabiduría del grupo. Con la Indagación Apreciativa promovemos conversaciones basadas en preguntas poderosas. Se aplica a todos los niveles y en todos los ámbitos: personal, de equipo, social, político, empresarial, organizacional, educativo, sanitario, religioso, cultural y asociativo. La amplitud de posibilidades que ofrece nos facilita el descubrimiento de que tenemos un gran potencial generativo de una realidad mejor para todos.

La Indagación Apreciativa ofrece una manera de ver la vida y una actitud hacia la vida. Despierta un espíritu renovador que nos invita a realizar un cambio positivo, comenzando por uno mismo, nos conecta con el núcleo positivo de nuestro ser y nos facilita nuevas formas de actuar. Aplicando los principios de Indagación Apreciativa en la vida personal, uno convierte sus fortalezas en hábitos y la positividad, en una actitud mental. Uno aprende a afrontar los desafíos con optimismo.

Vivir la Indagación Apreciativa nos facilita desarrollar la consciencia plena y vivir abiertos, con sentido, a nivel personal y a nivel colectivo. La fuerza de la Indagación Apreciativa está en que fortalecemos y ampliamos nuestra consciencia plena a nivel colectivo. La vivimos en las organizaciones, en los grupos, en las relaciones, en las asociaciones y en las comunidades. La consciencia plena colectiva nos despierta a la necesidad de crear instituciones positivas, y a convertirnos en, o formar parte de, comunidades que influyen y transforman el mundo positivamente.

Uno de los desafíos que se presenta en el mindfulness es que el practicante se encierre en sí mismo. Con la Indagación Apreciativa superamos este desafío, ya que es un proceso de búsqueda colaborativa que se centra en el núcleo positivo de las relaciones, en una organización, grupo o sistema. Busca conectar a las personas y a la organización con sus competencias, habilidades, talentos y con sus mejores logros y prácticas. En su enfoque más amplio, afirma Cooperrider (el creador de la Indagación Apreciativa), involucra un descubrimiento sistemático de lo que da vida a un sistema vivo cuando está en su momento más vital, más efectivo y capaz de construir en términos económicos, ecológicos y humanos.

Con la Indagación Apreciativa estudiamos, descubrimos, seleccionamos y enfatizamos lo que da vigor, lo que nos vincula como seres humanos y lo que es el pilar de la existencia de una organización. Buscamos lo mejor de lo «que es» para ayudar a despertar la imaginación colectiva de «lo que podría ser». Nuestras mentes amplían horizontes y nuestros corazones se abren al escuchar nuestras historias vividas, los anhelos y sueños que queremos alcanzar, y los compromisos que nos disponemos a asumir para la consecución de nuestros sueños colectivos.*

---

* El cómo lo logramos a nivel grupal, qué dinámicas y qué procesos se plantean, lo expliqué ampliamente en el libro *Indagación Apreciativa, un enfoque innovador para el desarrollo personal y de las organizaciones*. También puede encontrarse información al respecto, en el web del Instituto de Diálogos e Indagación Apreciativa: www.institutoideia.es

En consciencia plena nos damos cuenta de nuestras sombras y debilidades, las abrazamos, las afrontamos y, en su caso, las trascendemos. Nos concentramos en lo que queremos. Vivir la Indagación Apreciativa nos acompaña en el despertar del núcleo de nuestra excelencia personal para vivirla plenamente. Veámoslo a continuación.

El núcleo de excelencia personal

Vivir apreciativamente nos lleva a vivir el núcleo de nuestra excelencia personal. Es el núcleo positivo, denominado *positive core* en inglés. *Core* tiene la misma raíz que corazón. Es el centro impulsor de vida. El núcleo positivo es como la semilla que se convierte en la savia que da vida a todo sistema vivo, es la sangre que circula por el cuerpo del sistema. Con la Indagación Apreciativa detectamos todo lo que forma parte de la savia, de la sangre, y da vida a los órganos del sistema. Con los diálogos apreciativos fortalecemos el corazón que bombea la sangre y los órganos que la limpian. Buscamos conectar con el *núcleo positivo*, reforzarlo, enaltecerlo y ampliarlo. De esta manera revitalizamos todo el sistema logrando salud y enaltecer la vida y lo que da vida.

El núcleo positivo de una organización, comunidad, empresa, grupo o persona está formado por diferentes factores. Por ejemplo, los pensamientos elevados, las emociones positivas y las competencias esenciales forman parte de nuestro núcleo de fortalezas. La visión de las posibilidades, las habilidades sociales, los valores y el conocimiento integrado da vida a nuestras relaciones y organizaciones. A nivel de organización y empresa incluimos en el núcleo de excelencia y positividad el conocimiento adquirido, los logros, la sabiduría de la organización, el capital social, el ecosistema empresarial (proveedores, socios, competencia, clientes), las oportunidades estratégicas, las fortalezas de los productos, las fortalezas de los socios y de los grupos de interés. Además, están también los activos técnicos, activos financieros, ventajas financieras, las innovaciones y las mejores prácticas, las tradiciones y valores vitales. Y los momentos de colaboración y las macrotendencias positivas constituyen puntos fuertes que nos revitalizan y enaltecen la vida de lo que somos y lo que hacemos.[23]

Conectar directamente el valor y la energía de este núcleo con la agenda de cualquier cambio grupal y organizacional lo genera y moviliza, de manera rápida y democrática. Al descubrir el núcleo positivo surgen cuestiones, nuevas ideas y posibilidades que no hubiésemos llegado a imaginar nunca, y las fortalezas del núcleo se amplían. El núcleo positivo se halla en el centro del proceso de la Indagación Apreciativa. Ahí es donde toda la organización tiene la oportunidad de valorar su historia y abrazar la novedad que le ofrecen las posibilidades positivas que se abren; y para lograrlo seguimos los principios apreciativos.

Principios apreciativos

Hay 10 principios sobre los que se basa la Indagación Apreciativa. Pueden vivirse a nivel personal, en el seno familiar y a nivel sistémico y organizacional. Si vives estos principios en tu vida, lograrás calidad de vida, mejores relaciones y mayor bienestar. Asimismo, crearás buenos amigos y ejercerás una mayor influencia positiva a tu alrededor. Veámoslos:[24]

Principio construccionista

Practicar este principio es ser consciente de que hay realidades múltiples y que entre todos las construimos. Siendo conscientes de que nuestro punto de vista es parcial, nos abrimos a escuchar y a dialogar para ampliar la mirada, la percepción y la perspectiva de lo que vemos y de cómo vivimos la realidad. Construimos conjuntamente nuestras realidades e identidades. Somos conscientes de que las palabras crean mundos. Prestamos atención a los diferentes puntos de vista y a qué palabras elegimos para narrar nuestras perspectivas. No nos encerramos en un solo enfoque. No juzgamos desde un solo punto de vista. Cuestionamos creencias y limitaciones para abrirnos a ver el fondo de lo que es real.

Principio de simultaneidad

La indagación crea cambio. Las semillas del cambio se plantan en la primera pregunta que se formula. Vivimos en el mundo creado por nuestras preguntas. Con frecuencia pensamos que el análisis y el cambio, o que la pregunta y el cambio, ocurren en momentos separados. Normalmente, primero investigamos la actitud y, luego, diseñamos una intervención para provocar el cambio de actitud. El principio de simultaneidad dice que no es así de simple la cuestión y que, de hecho, la pregunta y el cambio son momentos simultáneos. Preguntar equivale a cambiar; la pregunta es uno de los métodos más poderosos para generar el cambio. El cambio empieza en el momento en que planteamos la pregunta. La primera pregunta es la impulsora inicial del cambio.

Preguntarse, por ejemplo, ¿qué podemos hacer que pueda ayudarnos a cambiar esta situación?, ¿qué posibilidades tenemos en las que todavía no hemos pensado?, ¿cuál es el menor cambio que puede causar el mayor impacto?, ¿qué solución nos beneficiará a los dos?, ¿qué hace que las relaciones humanas se movilicen y se armonicen?, puede tener un sorprendente impacto en la creación de nuevos conocimientos, y en mejorar nuestros vínculos afectivos y nuestras relaciones laborales. Son preguntas que nos llevan a una reflexión constructiva; surgen de una mirada apreciativa y estimulan el Diálogo Apreciativo. La Indagación Apreciativa se basa en formular preguntas que faciliten la motivación, la cooperación y la cocreación de una realidad mejor.[25]

Principio poético

Las organizaciones y las personas somos un libro abierto. Podemos leer, interpretar y reinterpretar casi cualquier cosa y de diferentes formas, como en un poema. Podemos elegir en qué centramos nuestra atención, qué estudiamos e indagamos. Aquello en lo que nos centramos crece. Encontremos aquello de lo que queremos más, no menos. En vez de darle vueltas a lo que no queremos, lo que no nos gusta, centrémonos en hacer crecer lo que queremos y lo que nos da vida. Pensemos en el futuro, hacia dónde caminamos, más que dedicarnos a analizar el pasado.

Principio de la anticipación

La imagen inspira la acción. El cambio profundo se da cuando hay un cambio activo en las imágenes del presente y el futuro. Nuestras imágenes del futuro se convierten en nuestro futuro. La imagen positiva nos lleva a la acción positiva, y creamos un futuro positivo. En consciencia plena, nuestras imágenes interiores se centran en el núcleo positivo, en lo que nos enaltece y enaltece nuestra vida. Esto nos inspira a actuar con la visión de nuestras fortalezas y de nuestros sueños. En vez de decidir y actuar desde la desesperanza, la desesperación y la decepción, decidimos y actuamos con esperanza y con la visión de la oportunidad y de las posibilidades.

Principio positivo

> Cuando buscamos descubrir lo mejor en los demás, de alguna manera aflora lo mejor de nosotros.
>
> WILLIAM ARTHUR WARD

El principio positivo es ser consciente de la fuerza de los sentimientos positivos y permitirnos sentirlos, construyendo y sustentando a partir de ellos el *momentum* del cambio. Las emociones positivas amplían los repertorios de pensamiento y acción de las personas y construyen recursos verdaderos.

Principio de ser consciente

Es ser conscientes del impacto que tienen las imágenes que mantenemos y las palabras que promulgamos en nuestras conversaciones y en la realidad que construimos.

Es ser conscientes para abrirse al diálogo y suspender las suposiciones.

Es ser conscientes del diálogo interior que mantenemos en relación a nosotros mismos y a los demás.

Es ser conscientes para incluir los diferentes niveles en nuestras decisiones: el ser en relación al otro, a las relaciones sociales, a las relaciones comunitarias, a nivel nacional y en la conexión global.

Es ser conscientes en atención plena para sostener la pregunta y no precipitarnos a buscar la respuesta.

Es ser conscientes para poder revivir las buenas experiencias y ser capaces de mantener el estado emocional positivo que nos evocan.

Principio narrativo

Creamos historias de nuestras vidas y vivimos en ellas. ¿Vivimos en nuestra vida o vivimos en la historia que narramos de nuestra vida? El cómo narramos las historias de nuestra vida influye en nuestro bienestar personal y colectivo. Narremos desde lo positivo. Las historias tejen una conexión y nos ayudan a crear sentido; son transformadoras y nos mueven, y, como dice un proverbio rumano, tienen alas, vuelan de cumbre a cumbre. Narremos historias que despierten la consciencia y abran nuestros corazones.

Principio de actuar «como si»

Actuar «como si» se acaba cumpliendo. Actuar como si el cambio ya se está dando, la visión ya se está implementando, facilita el cambio y acerca la visión a la realidad. Es vivir en el presente lo que deseamos para el futuro. Es atraerlo y crear las condiciones y la predisposición para vivirlo.

Principio de libertad de elección y acción

La verdadera libertad surge de la claridad interior. Libérate de las suposiciones internas y de los obstáculos externos limitantes. Cree en el poder de la imagen positiva interiorizada. La imagen positiva te lleva a la acción positiva. «La libre elección libera poder», afirmó David Bohm. Concédete la libertad de elegir si actuar o no actuar; de elegir tu impacto siendo consciente de que con visión, compromiso y determinación, tu influencia tendrá mayor repercusión. «No podemos remediar sentir ira —afirma Anne Radford—, pero podemos elegir si la expresamos, y cuándo, cómo y a quién.»

Principio de la totalidad

Incluir a todos hace aflorar lo mejor. Un dicho japonés afirma que: «Ninguno de nosotros es tan listo como todos juntos». Estamos todos interconectados y formamos parte de una totalidad mayor. Trabajamos bien cuando sabemos que formamos parte del Todo. Este principio propone pasar de pensar en partes a pensar en todo el sistema. ¿Qué se necesita para avanzar de pensar en partes a pensar en todo el sistema? ¿Qué necesitaríamos para crear ese cambio? ¿Qué quiere decir el pensamiento de todo el sistema? Estas preguntas apuntan al paradigma emergente: ampliar la forma en que vemos el mundo. «Cuando alguien experimenta la totalidad de su sistema –afirma Cooperrider–, algo ocurre para que aflore lo mejor de nuestras capacidades. Es como, por ejemplo, los primeros astronautas cuando vieron por primera vez el milagro de la vida en este planeta desde la distancia. En esos casos, también se dio una especie de instante de consciencia global y luego profundos cambios en la vida de los astronautas.»[26]

Vivir estos 10 principios nos fortalece para dar y recibir lo mejor de nosotros mismos, de nuestras relaciones y de los sistemas de los que formamos parte. Además, si desarrollamos el espíritu de indagar, estamos más despiertos y alerta. Por eso es importante que dejes de ser un espectador-consumidor, y seas un indagador-actor que es proactivo e incide en la realidad.

Indaga en ti mismo

La consciencia plena combinada con la mirada del corazón, heartful, nos lleva a ver más allá de las apariencias, a indagar para buscar lo real en lo visible y en lo invisible. Ser plenamente consciente te ayuda a no dar nada por sentado, y a indagar por ti mismo.

Siente curiosidad por lo que ocurre en tu interior y en lo que te rodea. No des por buenas las respuestas que surjan de tu piloto automático. Busca siempre tu verdad interior. Busca lo que es auténtico para no dejarte llevar por los espejismos. No todo lo que brilla es oro. Pregunta.

Si estás bloqueado o parece que no vas a ninguna parte, indaga en ti. No tires la toalla. No renuncies a tu sueño. «Ten presente que la tragedia de la vida no se encuentra en no alcanzar tu meta, sino en no tener una meta que alcanzar. No es una calamidad morir sin realizar los sueños, pero sí es una calamidad no soñar. No es una desgracia no alcanzar las estrellas, es una desgracia no tener estrellas que alcanzar. El verdadero pecado no es el fracaso, sino apuntar bajo», dijo Benjamin Mays, vía Pablo Eisenberg. El miedo al fracaso te paraliza. Confía en ti y alíate con el tiempo. Indaga para aprender a aliarte con el tiempo, con la actitud apropiada y con el conocimiento que te permitirá vivir tu sueño haciéndolo realidad. Véase sobre la alianza con el tiempo en la pág. 70.

Indaga en cómo ser más sabio para hacer que tu sueño sea práctico. Da espacio a nuevas perspectivas para adaptarlo. Deja de ser dogmático. En el dogmatismo, te falta humildad para dar un paso atrás que te permita ver con perspectiva, para aprender de otros, y no por ello sentirte inferior.

Ves más allá de lo que sabes. La indagación te abre posibilidades. No mantengas una visión «de túnel», es decir, cerrada y única, ya que te estresa y paraliza. Permite que otras perspectivas entren en tu vida. Siéntete cómodo en el espacio de «no saber». Sé flexible. Detente. Aquiétate. Permítete.

Pregúntate:

- ¿por qué no está funcionando de la manera que pensé?
- ¿de qué forma podría hacerlo diferente?
- ¿fui demasiado pasivo?, ¿fui demasiado proactivo?, ¿fui demasiado apasionado y no dejé espacio para que las cosas evolucionaran a su tiempo?

Mantén las preguntas en tu mente para abrir el campo. No busques respuestas. Aprende a esperar con una actitud abierta y consciente. Escucha. Observa. Silencia.

Singularidad personal[27]

Una de las búsquedas que coinciden en muchos grupos espirituales y comunidades de prácticas de meditación y mindfulness es el desarrollo de la concentración, y el vivir una vida sencilla que permita centrar la atención en lo que es esencial. Para ello, una de las reglas que a veces se aplica es la de vestirse todos igual y llevar el mismo estilo de pelo (afeitado o tapado), con lo cual se facilita la no distracción por cómo se va a vestir uno o cómo van vestidos los demás, el no distraerse con lo superfluo y el crear una conciencia de igualdad (más allá de las marcas, las clases sociales y otras diferencias que son más aparentes cuando llevamos estilos de ropas y de pelo distintos). El problema que esto puede acarrear es que en la búsqueda de unidad dejemos de valorar y potenciar la creatividad y la singularidad personal. A veces, no facilitamos que surja la excepcionalidad y la singularidad de las personas por celos y envidias, y empequeñecemos nuestras posibilidades. Hay el temor de que siendo singulares nos separaremos del grupo. Escondemos o «apagamos» nuestro brillo para no destacar y no ser rechazados. Nos refugiamos en nuestra sombra.

Sin embargo, lo cierto es que cada uno es singular, es decir, especial, diferente y único. Quien es singular es original, notable, sorprendente, excelente, extraordinario, raro, distinto, peculiar, atípico, diferente, excepcional y misterioso. Con la Indagación Apreciativa descubrimos la singularidad de cada uno, la potenciamos, y despertamos así todo el talento y la capacidad personal. Lo hacemos desde el respeto y la inclusión de las diferencias y con una actitud colaborativa de sumar, y no de competir.

Todos poseemos una capacidad mayor de lo que pensamos, sentimos y utilizamos. A través de las preguntas, los diálogos, las conversaciones y la reflexión exploramos nuestras capacidades dormidas para desvelarlas y hacerlas aflorar a la superficie. Estas capacidades son los talentos, las habilidades y el potencial de movilizar los recursos internos y externos para lograr los objetivos planteados. Con nuestras capacidades construimos y fortalecemos las relaciones necesarias para definir y aplicar la visión, misión y objetivo de un grupo, un sistema o una organización.

Con la Indagación Apreciativa se detectan, evidencian y potencian capacidades personales y colectivas. De esta manera se pone de manifiesto que:

- Cada persona es excepcional y única.
- Cada persona es esencial para un equipo. Él o ella necesita ser reconocido como tal.
- Cada persona tiene su voz y quiere ser escuchada.

Cuando un equipo vive las 3 «e» de cada miembro del grupo (excepcional, esencial y escucha), la comunicación fluye, se vive un sentido de afiliación y se aprende a trabajar desde la excepcionalidad de cada uno, cubriendo las carencias y superando las barreras que se interpongan en el camino.

Evoca el anhelo de tus sueños

Si quieres construir un barco, no empieces por buscar madera, cortar tablas o distribuir el trabajo, sino que primero has de evocar en las personas el anhelo de mar libre y ancho.

ANTOINE DE SAINT-EXUPERY

Con la Indagación Apreciativa vemos lo que podría ser y fortalecemos la voluntad para generarlo. En concreto, lo hacemos en la fase Sueños. Es la segunda fase de una Indagación
Apreciativa, primero está el Descubrir para luego Soñar. Se
trata de identificar «lo que podría ser». Lo hacemos a nivel
personal y también a nivel familiar, de grupo y colectivo, de
manera que ponemos en común los temas que vinculan nuestros sueños. Esto nos une y nos motiva. Nos damos cuenta de
todas las aspiraciones que tenemos en común.

Si todo lo que hacemos durante el día y en la vida está encarrilado a cumplir nuestro propósito, nuestra razón de ser,
de existir y de vivir, seremos mucho más felices en todo lo
que hagamos, porque todo estará canalizado hacia aquello que
realmente queremos. En cambio, si vamos haciendo un poquito
de todo, pero sin saber hacia dónde vamos, seremos como un
náufrago a la deriva, que va navegando, ahora hacia la derecha,
luego hacia la izquierda, va hacia atrás, hacia el norte, hacia el
sur y, finalmente, se queda en el mismo sitio y no llega a ninguna parte, aunque esté remando todo el tiempo. Se deja llevar
por las corrientes, las mareas, las olas y los vientos. Ha perdido la brújula y no sabe guiarse por las estrellas. Ha dejado su
conciencia dormida o anestesiada y no escucha a la intuición.
«Fluye» con las corrientes y los vientos, pero su voluntad no
actúa. Se convierte en víctima del sistema.

Todos tenemos siempre algo que hacer, algo que decir y
algo en lo que pensar. Estamos ocupados. La cuestión es si
todo lo que hacemos forma parte de nuestro propósito de vida,

o simplemente estamos ocupando el tiempo y utilizando nuestra energía en tareas y conversaciones que no nos llevan hacia nada trascendental ni pleno. Simplemente pasamos el tiempo haciendo y hablando, pero sin sentido de propósito. Quizá nos lo pasemos bien y disfrutemos, que ya es de agradecer; pero puede ser un disfrute que no nos empodere. Aunque las cosas que hacemos y hablamos sean necesarias, si no forman parte de nuestro propósito de vida, nos desgastarán. Sentiremos un vacío e insatisfacción interna, como si nos faltara algo.

El propósito más auténtico es el de cumplir nuestro ideal, nuestro sueño en la vida. La cuestión es que, a veces, no nos hemos planteado cuál es nuestro propósito ni nuestro ideal de vida. Para saber cuál es nuestro verdadero propósito tenemos que preguntárnoslo. Puede ser un propósito relacionado con uno mismo o relacionado con lo que queremos ofrecer al mundo. Durante el día estamos intercambiando, por tanto, algo tenemos para dar al mundo. Podemos tocar nuestra nota a fin de contribuir a la sinfonía del universo.

Una pregunta que puede ayudarte a encontrar tu propósito es: cuando te sientes pleno, cuando te sientes pletórico, cuando estás entusiasmado, ¿qué hay en ti? ¿Quién eres en ese momento? ¿Cómo te sientes? ¿Qué das a tu entorno y a los demás? Eso es algo que quieres alcanzar y mantener. Hazte estas preguntas. Visualiza ese momento, que alguna vez en tu vida habrás experimentado. Si no, visualiza qué te gustaría experimentar, viendo de qué manera lo quieres. Conecta con lo que realmente te gustaría alcanzar, como persona, como ser. Por ejemplo, si lo que te gustaría es sentir paz, ¿de qué manera tus deseos conectan con lo que te gustaría alcanzar, con ser paz? A veces, nuestro deseo esencial de paz no viene apoyado por nuestros otros deseos, que más bien nos inquietan y nos alejan de la paz.

La siguiente pregunta es: ¿cómo puedes transmitirlo al mundo?, ¿qué es lo que quieres transmitir a los demás?, ¿qué es lo que quieres dar?, es decir, ¿a qué te quieres dedicar? Eso no está limitado a la profesión, sino que se aplica a lo que ofreces y transmites con lo que haces en el día a día, con las relaciones, con las personas, con la manifestación diaria de tus pensamientos, palabras y acciones en la familia, en el trabajo, en el supermercado, en la cafetería, con las amistades, con los conocidos y con los desconocidos.

Para realizar esta indagación interior se requiere ir a lo más profundo de ella. ¿Cuál es tu propósito? No tu objetivo de si este fin de semana quieres ir a este seminario o no, o si en vacaciones quieres ir a Tailandia o no; todo eso son objetivos de corto alcance. Tu propósito de vida se refiere a qué es lo que realmente quieres alcanzar, a tus sueños, a tu llamada interior. Visualiza los resultados de la llamada que sientes que te impulsa a avanzar. Si lo clarificas, te ayudará a tomar las decisiones con claridad y determinación en tu vida.

Constantemente estamos tomando decisiones, pero muchas veces lo hacemos según las circunstancias, el momento y por cómo estamos, pero no de acuerdo con lo que realmente nuestro ser anhela. Vamos en contra de nosotros mismos porque nuestras decisiones no están alineadas con lo que realmente queremos. Cuando no sabemos lo que queremos, nos dejamos influir.

Se trata de reconectar con nuestro sueño y vivir nuestro propósito. El sueño es el ideal de vida, aquello que te motiva y te mueve. El sueño es aquello por lo que entregarías tu vida. El sueño, por lo general, es utópico. En ocasiones hemos creído en nuestro sueño, pero luego se ha roto, y en otras hemos dejado de creer en el sueño porque la realidad del día a día «es dura» –no es que siempre lo sea, pero la vivimos así–, es difícil, complicada, compleja y parece como que una cosa es lo que podría ser la realidad del sueño y otra es la realidad del día a día.

Reconectar con el sueño es hacerlo con lo que realmente te hace latir, con aquello que realmente te mueve. Es lo que hace danzar tu alma y tu corazón a nivel profundo, a nivel existencial y de vida, no una pasión, emoción o actividad momentánea de una noche, una fiesta, una relación, sino algo más profundo y duradero.

El sueño es el ideal de vida en el que encajan todas las piezas del rompecabezas de tu vida. Si le das la espalda o te olvidas de ese ideal de vida y vives la realidad desde la cotidianidad, lo ordinario, lo rutinario, lo que tienes que hacer por responsabilidad o por resignación, porque no tienes otro remedio, desde esa actitud, hay miedo, apatía, pereza y resistencias. Hay miedo al cambio, a salir de la realidad que vives y a crear otra realidad diferente y atrevida.

Nos acostumbramos a una realidad y nos resignamos a vivirla como víctimas. Cuando eso sucede, perdemos nuestra chispa, nuestra alegría y no aportamos la diferencia a la sinfonía de la vida.

Cada uno de nosotros tenemos algo que aportar, ya sean talentos, capacidades, o creatividad: podemos dar nuestro toque de diferencia. No con el objetivo de destacar o de ser famosos. Se trata de encontrar cuál es tu cualidad, tu talento, tu especialidad, tu virtud, tu singularidad y tu fuerza interior que puedes aportar a tu realidad, a lo que te rodea y al mundo, creando un mundo mejor para todos.

El marcarnos objetivos alineados a nuestro propósito de ser y de vivir nos ayudará a canalizar todo el potencial que albergamos, y a obtener logros que ni siquiera hubiéramos imaginado que fuesen posibles.

Conversaciones generativas[28]

A veces, nuestras conversaciones giran sobre un mismo tema, y mantenemos la conversación circular, dando vueltas sin llegar a ninguna parte. Nos quejamos, criticamos y refunfuñamos. Sostenemos rumores y nos debilitamos en la conversación. No salimos fortalecidos, sino más irritados, cansados y confundidos.

La Indagación Apreciativa promueve el diálogo que crea conversaciones generativas. «El arte de apreciar es el arte de descubrir y valorar lo que da vida a la organización e identificar lo que funciona bien en la organización actual. Esta aproximación positiva crea lo que Peter Senge denomina las "conversaciones generativas". A medida que el diálogo se expande de lo "qué es" hacia ver "lo que podría ser".»[29] «Esta orientación más expansiva hacia lo que es y lo que podría ser va de la mano de la generatividad y se potencia con la inteligencia apreciativa, que es la capacidad de ver el potencial que emerge en las personas y en los procesos.[30]

En el núcleo de la Indagación Apreciativa está promover conversaciones que aporten sentido, generen significado y muevan la energía necesaria para crear el futuro deseado. Son conversaciones generativas porque generan una realidad mejor respecto a la que había antes de entrar en conversación. Son conversaciones que surgen del poder que tienen las palabras cuando uno está en consciencia plena. Son conversaciones que nos llevan a las experiencias positivas y a sentir empatía, confianza y compromiso. Nos ayudan a soltar lacras, a fluir y a encontrar significado y conectar con lo que da sentido. Son conversaciones que nos abren a la plenitud. A nivel organizacional generan, a saber: compromiso, ilusión, nuevos productos, nuevas formas de relacionarnos, mejor comunicación, entendimiento, mejores resultados para las personas, los productos y el planeta.

Cuando nuestra vida profesional y personal está llena de significado y sentido, vivimos la plenitud. ¿Cómo incrementar esa vivencia para que deje de ser una experiencia aislada y sea cotidiana? ¿Qué conversaciones generan sentido? ¿Qué relaciones aportan significado a nuestras vidas? ¿Qué sentido tienen nuestras conversaciones recurrentes? ¿Qué conversaciones podemos tener para crear significados compartidos? ¿Qué preguntas alumbrarán estas conversaciones?

Las conversaciones generativas son conversaciones que surgen de y evocan estados de consciencia plena con el corazón abierto y despierto. Una conversación es generativa cuando nos ayudamos unos a otros a ver «lo que podría ser» y «lo que es posible». Esta visión compartida nos atrae y nos motiva a emprender acciones conjuntas. Son acciones que tienen sentido y aportan significado a nuestras vidas, a nuestras relaciones y a nuestras organizaciones. Son acciones para un bien común motivadas por una visión compartida.

Mediación apreciativa y reconciliación

Ante las diferencias y el conflicto, solemos tener actitudes defensivas de enfrentamiento. Discutimos, no dialogamos. Culpamos y atacamos, no nos responsabilizamos. Nos vinculamos con quienes defienden nuestros planteamientos de enfrentamiento. Ello nos separa y distancia más. El desencuentro se agrava.

Reconciliar es construir puentes hacia la comprensión y el diálogo. Para lograrlo, es necesario que trasciendas tu frustración, tu decepción y tu pesar que te llevan al rencor y a la revancha. La revancha y la culpabilidad perpetúan el ciclo de violencia.

Para reconciliar debemos practicar la escucha compasiva y el habla apropiada; decir palabras amables y que surgen de la compasión, de un espacio que busca la reconciliación. Por ejemplo, si alguien se enoja contigo, está dolido y sufre por lo que le has hecho o dicho, puedes preguntar: ¿qué he hecho de erróneo para provocarte este enojo? Es necesario que te esfuerces por escuchar con profundidad y por comprender al otro. Así se puede llegar a las raíces de las percepciones erróneas. Eliminándolas reducimos e incluso podemos deshacernos del miedo y de la ira que provocan conflicto y desencuentros.

Las percepciones erróneas se crean a diario y nos llevan a suposiciones e interpretaciones equivocadas que interfieren en nuestra claridad, generan malentendidos y son fuente de conflictos.

Con la escucha compasiva y el habla apropiada puede darse la reconciliación. Aunque el otro mienta o dé información errónea, escucha, no reacciones. Desde la escucha compasiva te proteges de tu propia irritación y de tu ira. Después de escuchar ampliamente, con actitud compasiva, puedes ofrecer tus puntos de vista sin atacar, acusar, culpar ni juzgar, con palabras apropiadas. Esto es ser mindful y heartful.

Para mediar y lograr la reconciliación entre grupos, equipos y personas, necesitamos un liderazgo apreciativo. Un liderazgo apreciativo tiene un impacto decisivo a la hora de fomentar la inteligencia colectiva en las organizaciones. Solo avanzan aquellos grupos que reconocen el conflicto como parte de su evolución y se hacen competentes en superar las tendencias de comportamiento que corrompen a los equipos y generan políticas de poder disfuncionales.

Nos encontramos con situaciones, que desafortunadamente son habituales, en las que creemos que las personas no hacen lo que deberían hacer, que «no me han dicho o no me han informado», o bien estamos hartos de tantas reuniones improductivas o inútiles. ¿Qué habilidades podemos potenciar o desarrollar para afrontar tantas situaciones de tensión entre las personas? Gestionar positivamente las situaciones de conflicto nos ayudará a no vivir estresados. Siendo apreciativos nos centramos en los puntos fuertes, en lo que nos une y no en lo que nos desune, en lo que queremos y no en lo que no queremos. Aprendamos a mediar con apreciatividad. Cambiemos el discurso de carencias, defensivo y de ataque, por un discurso de abundancia que fortalezca las emociones positivas, la escucha activa y la comunicación no violenta. Salgamos de la mentalidad de la carencia para entrar en la consciencia plena de la abundancia de la que la vida y la naturaleza nos proveen.*

Las instituciones positivas

Consciencia plena es tener en cuenta el bienestar de todos los seres vivos, del medioambiente y de la naturaleza. Es la fuerza transformadora positiva, personal y social, que colectivamente nos llama a crear instituciones positivas que incidan y

---

* En el libro *Indagación Apreciativa* trato con más amplitud sobre el liderazgo apreciativo y el cambio de discurso que nos facilita resolver conflictos desde la cooperación, el diálogo y la apreciatividad y no desde el enfrentamiento.

transformen el mundo creando más justicia y armonía. Con la Indagación Apreciativa atendemos la llamada a diseñar instituciones positivas que contribuyan a paliar el sufrimiento global provocado por cómo funcionan muchas empresas, organizaciones e instituciones. La Indagación Apreciativa se centra, afirma David Cooperrider,[31] en el diseño de instituciones positivas que no solo eleven y conecten las fortalezas humanas internamente, sino que sirvan además para magnificar nuestras más elevadas cualidades proyectándolas en la sociedad. Proponemos que las instituciones positivas sean vehículos que aporten más humanidad, valentía, sabiduría, amor y valor a nuestro mundo y representen una gran oportunidad para el Desarrollo Organizacional. Nos implicamos en crear organizaciones basadas en sus fortalezas que se convierten en instituciones positivas para la sociedad, es decir, son vehículos para elevar, potenciar e irradiar al mundo las cualidades humanas más elevadas. De este modo, las instituciones se convierten en canales de sabiduría, de humanidad, de amor, de inteligencia y de creatividad, para la sociedad.

Proponemos desde la Indagación Apreciativa la creación de instituciones positivas, de manera que no solo mejoremos internamente nuestras organizaciones, sino que las fortalezcamos con el fin de que sean agentes de beneficio para el mundo, y sean instituciones sabias, instituciones mindful y heartful.

7. Trampas

Compartí en la Introducción mi preocupación por el hecho de que en algunos ámbitos el mindfulness se está aplicando como una metodología desconectada de sus raíces éticas. Un terrorista puede tener una atención plena en su acción destructiva. Un meditador puede estar mirándose el ombligo egoístamente sin sentir la necesidad de los que están a su alrededor. Para no caer en estas malas prácticas ni en otras trampas, las tradiciones religiosas proponen la vida en comunidad y el servicio al prójimo. Al convivir y compartir con otras personas, la ayuda mutua y el ser espejo unos de otros puede salvarnos de no quedarnos en las trampas. De todas maneras, al final es en la intención del practicante donde radica la cuestión. Cada uno debe andar su camino, nadie puede andarlo por otro. En la convivencia en comunidad, también se cae en otras trampas que inhiben la singularidad personal, como expliqué en la pág. 131.

Veamos algunas de las trampas en las que se puede caer si uno se aísla, se desconecta de los principios éticos o se vuelve rígido en la práctica.

Desapego y distancia

En la práctica de la atención plena aprendemos a desapegarnos de lo que observamos, de manera que lo de fuera no nos manipule. Con la práctica, desarrollamos la capacidad de observar lo que pensamos y sentimos aceptándolo sin alterarnos y siendo capaces de soltar, de no apegarnos a una idea o un sentimiento. Este desapego nos abre las puertas hacia la soberanía personal.

Con el desapego consigues entrar en ti sin polucionarte con los ruidos de las situaciones externas. El peligro de tanto observar es que te distancies de lo que observas, pongas espacio entre medio para que no te influya y dejes de participar activamente incidiendo en lo que te rodea para mejorarlo. Te distancias incluso de aquellos que te aman. Dejas de sentir. Algunos practicantes, en su entrega a la comunidad y a la práctica meditativa, dejan a sus familias, se alejan de la cotidianidad y, cuando al final regresan a ella, no saben lidiar emocionalmente con las relaciones familiares ni laborales. El desapego les ha provocado un distanciamiento insano que les impide convivir en armonía con el entorno y con las diferencias de creencias y prácticas de los demás.

Una práctica de consciencia plena auténtica, y conectada con el corazón abierto (heartful), te mantiene conectado con los demás y con Dios y te ayuda a incidir activamente en el mundo para contribuir a erradicar las causas del sufrimiento. Acoges y aceptas las diferencias y sigues amando.

Analítico

De tanto observar, uno se vuelve analítico y crea opiniones sobre todo lo que ocurre, lo que hacen los demás y acerca de las situaciones. Uno cree que tiene las ideas claras ya que al opinar sobre todo se fortalece el sentido de identidad. Por lo general, se nos impulsa a tener opiniones claras y contundentes acerca de todo lo que ocurre. Y sin darnos cuenta caemos en esa trampa. Al tener opinión sobre todo, nuestra mente no cesa de crear más formaciones mentales basadas en lo que percibimos y en suposiciones, juicios y etiquetas que ponemos creyendo que estamos en lo cierto. Las personas y las situaciones son como son y ocurren como ocurren, pero nuestra mente analítica crea opiniones de todo: incluso cuando no es asunto nuestro etiquetamos y valoramos como ciertas muchas percepciones parciales, limitadas e incluso erróneas.

Cuando las personas han dejado su corazón para residir no en su mente, sino en su intelecto, necesitan entenderlo todo, analizarlo, cuestionarlo, justificarlo, razonarlo, conceptualizarlo, verlo y tocarlo. Finalmente, su corazón deja de sentir, al quedarse tapado por tanto análisis y razonamiento. A estas personas les cuesta trascender la conceptualización y el lenguaje de la palabra para entrar en el reino del silencio, más allá de conceptos y creencias.

El misterio de la vida, de Dios, de su gracia, de la inteligencia suprema, y de tantas cosas, nos lo perdemos porque cubrimos el misterio con etiquetas, queremos conocerlo y lo racionalizamos, lo analizamos y le damos un nombre. Al darle un nombre lo limitamos, lo encerramos. Le ponemos un velo encima; y lo que imaginamos que hay detrás del velo no es la realidad del misterio, sino nuestra proyección y fantasía.

La etiqueta de árbol o el nombre de olivo no implica descubrirlo ni experimentar su belleza. El amanecer, las nubes, y tantas otras cosas, como una mirada, una sonrisa, un gesto, forman parte del misterio de la vida, del intercambio constante de energía que nos perdemos porque no somos conscientes de él. Nos quedamos atrapados en el fenómeno y no vemos la realidad.

En consciencia plena indagamos para descubrir el núcleo de excelencia en las personas y en las situaciones. Esto nos inspira y nos libra de análisis recurrentes que provocan ruido en nuestra mente y falta de aceptación de lo que es. El ver lo mejor de lo que es y de lo que hay nos ayuda a crear y mantener la paz.

El *Sutta Nipata*, uno de los textos budistas más antiguo, lo describe así: «Aquel que es libre no sostiene puntos de vista ni discute opiniones. Para un sabio no hay superior, inferior ni igual, ningún lugar en el que la mente pueda apegarse».[32] Si deseas conocer la verdad, solo tienes que dejar de atesorar opiniones, afirma el tercer patriarca Zen.[33]

Crítico

Todo caminante espiritual corre el riesgo de quedarse a medio camino. Cuando considera que sabe más, se da cuenta de más cosas, es más puro, y se vuelve crítico con aquellos que no practican ni viven sus preceptos, deja de ser humilde, comprensivo y compasivo. El orgullo que surge en el seno de su ser le distancia de los otros. En ese distanciamiento se distrae, es narciso y dogmático, ignora al otro y se vuelve frío en sus relaciones. Al tener conocimiento, cree que sabe y sin darse cuenta su mirada se vuelve crítica hacia los que saben menos o –según él– no saben. Su presencia cohíbe el brillo del otro.

Absorto en sí mismo

En la práctica meditativa, uno puede estar tan centrado en sí mismo que «se pierde» en su propio mundo interior. Absorto en sí mismo dispone de pocos puntos de referencia, fuera de su propia percepción, de lo que es adecuado. Uno puede sentirse muy bien después de meditar, pero solo cuando entra en relación con los otros y con las situaciones que el día le presenta, puede verse en su comportamiento si realmente interiorizó la práctica de su meditación. Para no ahogarse uno en sí mismo, en su narcisismo y en creer que su visión es la única y la cierta, es necesario contrastar con otras personas los puntos de referencia sobre los que uno percibe y vive la realidad.

Para la verdadera transformación, necesitamos mirarnos en el espejo, y para ello la comunidad es necesaria. El construccionismo social nos enseña la importancia de tener en cuenta las diferentes miradas y perspectivas para ser conscientes de cómo construimos y narramos la realidad. Compartiendo nuestras perspectivas diferentes sobre lo que es, creamos una visión y experiencia colectiva más real que la que pueda crearse uno solo en el laboratorio de su consciencia individual. Y así despertamos la consciencia de la importancia de participar en la transformación global y en crear un impacto social.

El construccionismo social nos llama a ser conscientes de que la realidad la construimos entre todos; y en ese sentido está vinculado con el concepto de *interser* del que habla el maestro Thich Nhat Hanh. Soy en función del otro, soy tú, tú eres yo. Al estar uno con el otro nos enriquecemos con nuestras presencias y aportaciones, y estas pasan a formar parte de nuestro ser.

El autoengaño

Cuando no escuchas tu intuición y te alejas de sentir plenamente, puedes caer en un autoengaño. Sigues la lógica para no errar o para quedar bien y te alejas de tu corazón, es decir, de ti mismo.

En ocasiones, la persona se tapa y se esconde bajo la fuerza y la autoridad, con lo cual se mantiene en el engaño y engaña al otro. Con la fuerza de la autoridad provoca temor y distancia. Los corazones se cierran y el miedo invade las instancias del ser.

A veces se llega al punto de utilizar la violencia para justificar un ideal. Es un gran engaño, ya que la violencia nunca se puede justificar. Puedes alcanzar el ideal sin violencia, creyendo en ti y siendo asertivo, sabiendo pedir y decir sí o no cuando proceda y dándote permiso. Debido a la debilidad interna, a la falta de cuidado de ti mismo, a los pensamientos mecánicos y desperdiciables, tu ser se afloja, y en esa debilidad te coges a la violencia para sentirte fuerte. Es una espiral de autoengaño que acaba dejándote triste y solo. Del miedo vas a la rabia y de la rabia transitas hacia la tristeza. En la rabia incubas frustración, irritación y decepción.

Otro autoengaño radica en como vives el talento. Vives de tu talento, y crees que eres tú, pero es un espejismo, un engaño. No eres tu talento. Eres más. Tu talento es tu don, posiblemente un don que te ha dado la existencia y que tú has cultivado con esfuerzo y práctica. Si basas tu identidad en tu talento, en tu posición y rol, en tus privilegios o en tus posesiones, acabas sintiéndote vacío; porque tu talento forma parte de ti, pero no eres tú.

Tu posición, privilegios y posesiones hoy serán tuyas, pero mañana pertenecerán a otro. Como dice la *Bhagavad-gita*: «¿Realmente has perdido lo que lloras? ¿Qué trajiste que hayas perdido? No trajiste nada; lo que tienes es de aquí y lo que dejarás, aquí quedará. Has venido sin nada y te irás sin nada. Lo que has tenido y lo que dejarás es del mismo Dios. Con las manos vacías viniste y te irás igual, con las manos vacías. Lo que hoy es tuyo fue de alguien ayer y mañana será de otro. La causa de tu pena y tu sufrimiento es pensar que esto es tuyo».

Para salir del autoengaño vive tus valores, sé sincero contigo, escucha tu corazón, observa los pasos que das para no dar un paso en falso.

8. Mindless

Mindless es lo contrario de atención plena, es decir, distraído, inconsciente e ignorante. Cuando las intenciones son nocivas y destructivas, cargadas de odio, ira, resentimiento, rencor o violencia, uno es mindless, inconsciente, y heartless, es decir, duro y casi cruel.

Vivimos en un ambiente de tensión continua, manifestada en peleas, en estallidos irracionales de agresividad, incluso en eventos deportivos en los que se intenta paliar la tensión acumulada bajo el disfraz de euforias descontroladas. Vemos el ambiente de tensión en las adicciones a las pastillas de todo tipo para paliar el estrés, la ansiedad, la angustia, la depresión, el insomnio y la impotencia. Estamos rodeados de explosiones de egoísmo desenfrenado, manifestadas en compras compulsivas, en consumo irresponsable, en sobornos y corrupción, en la búsqueda incesante de placer.

A pesar de los grandes daños causados por las guerras del siglo pasado, seguimos viviendo en un mundo donde aún existen la fuerza de las armas y la amenaza de las armas nucleares.

Eliminar las armas es necesario, pero no asegurará que nos reconciliemos. Solo cuando eliminemos los estados mindless, es decir, de miedo, de ira, de avaricia y las sospechas, podremos hacer posible la paz. Lo que hacemos o hacen los demás puede distorsionarse cuando hay percepciones erróneas, desconfianza y sospechas.

Veamos algunos estados que resultan del mindless y lo prolongan.

Avaricia

Con avaricia hemos creado el ego-sistema en el que vivimos. En el ego-sistema, todo es acerca del yo y el mío: ¿qué puedo obtener? ¿Qué puedo controlar? ¿Cómo puedo tener más poder? En el ego-sistema hemos perdido la confianza. El ego-sistema carece de generosidad, con lo cual no existe liderazgo auténtico ni creatividad verdadera. No permite que surja el poder del conocimiento, de las competencias, del talento y de la motivación de cada uno colaborando en equipo, porque uno está centrado en sí mismo. Si no dejamos que surja eso, no es posible la innovación en la que haya entusiasmo, colaboración y, sobre todo, riesgo para asumir nuevos retos. Mientras sigamos teniendo el ego-sistema como cultura, tendremos serios problemas que cuestionarán nuestra supervivencia. Prevalecerá la cultura de la avaricia y la violencia.

La avaricia surge de la ignorancia, de un vacío espiritual y de vivir sin sentido. La avaricia nos lleva a pensar en lo que yo quiero: me aferro a mis cosas y tengo miedo a perderlas. Necesito acumular para llenar el vacío existencial. Mi identidad depende de lo que tengo, y me vuelvo posesivo.

Los pilares del ego-sistema, la avaricia, la codicia, el ego y el orgullo, ya no pueden sustentar el mercado basado en lo que *yo* quiero, donde *yo* me hago más poderoso y más visible, más famoso, más dominante, más rico, en lugar de lo que es mejor para todos y para el mundo.

Los recursos del planeta no pueden sustentar por mucho más tiempo la avaricia que nos mueve. Vamos hacia un colapso del ego-sistema.

Odio

En nuestra sociedad actual sufrimos un aumento de la violencia. Es un aumento de la violencia arbitraria, no solo de la organizada. Con violencia arbitraria me refiero a que parece ser repentina y no premeditada. Empujados por tiroteos, pandillas de jóvenes que solos no atacarían a nadie, en cuanto están en grupo, algo surge dentro del grupo y su comportamiento se vuelve arbitrariamente violento. El miedo a ser rechazados por el propio grupo y el temor a quedarse solos los convierte en personas sometidas, dependientes y adictas al grupo.

Otras formas de violencia surgen en nuestras entrañas. La frustración y el pesar te llevan a la revancha y a odiar. La revancha perpetúa el ciclo de violencia. La revancha se dirige a los otros y la culpa suele dirigirse a uno mismo; y cuando alguien nos ha defraudado, herido o traicionado, sentimos que tenemos que hacérselo pagar. Creemos que así hacemos justicia. Consideramos inaceptable lo que ha hecho, y esa rabia nos mantiene atados a la situación y a la persona que nos ofendió. En vez de perdonarla y soltarla, nos atamos más a ella, nutriendo el resentimiento. «Una persona resentida se intoxica a sí misma», dijo el filósofo Maz Scheler. Perdonarse y perdonar abrirá las vías para sanar el corazón dolido.

El origen último del comportamiento violento es que el alma no fue nutrida de la manera que necesitaba. No fue amada, cuidada, respetada, reconocida ni valorada. Ahora tiene que hacer un gran esfuerzo para ser capaz de mantener una mente equilibrada y sana y fortalecer sus bases a fin de construir una autoestima sólida y duradera. En consciencia plena, con el alma abierta a dar y a recibir belleza, amor y autenticidad (mindful y heartful), la mente y el corazón se sanan de las carencias del pasado.

Culpa[34]

Nos sentimos culpables cuando no hacemos lo que nos hemos propuesto, cuando transgredimos una norma que hemos interiorizado como válida, cuando nuestra reacción es desmesurada. Impulsados por un anhelo de libertad, de transgresión o de curiosidad traspasamos los límites que nos habíamos marcado. Al cruzar el límite de lo que consideramos permitido, surge un sentimiento de culpa. Es la voz que nos señala que no deberíamos haberlo hecho.

La culpa es un autorreproche moral: hice algo mal cuando podría haberlo hecho de otra manera. Un acto de integridad puede enderezar la culpa que surge por haber quebrado la integridad. La dificultad surge cuando la culpa nos hace sentir indignos, porque entonces no permite la corrección, solo deja espacio para el castigo. Ese es un estado sin consciencia plena (mindless) que nos deja atrapados en la culpa.

Cuando la culpa brota de un pensamiento crítico, genera autocastigo. Uno se siente mal y encima se castiga, quedando atrapado en una espiral de culpa y castigo que puede elevar la situación a dimensiones de tragedia. Por ejemplo, en un programa nocturno de radio al que llama la gente para pedir consejo, he oído a mujeres que lloraban desesperadas. Cuando llaman por haber sufrido maltrato, casi siempre aparece la culpabilidad. Dicen: «Quizá hice algo o quizá me lo merecía». En algunas ocasiones, ellas han denunciado a su pareja, incluso lo han echado de casa o se han separado, o él ha recibido una orden de alejamiento. Luego a la mujer le da pena, quiere volver atrás, quisiera deshacer lo que ha hecho y retirar la denuncia o acoger de nuevo al hombre. Ellas mismas no entienden su culpabilidad. Dicen: «No sé por qué me da pena». «Oye –les responde el locutor–, pero ¿no te maltrató? Este hombre es maltratador, pero tú ¿cómo puedes aceptar que te trate así? ¡Hasta tuviste que ir al hospital, te dejó malherida! ¿Cómo puedes aceptarlo?.» Él les quita la culpabilidad y ellas siguen insistiendo: «No me siento bien y, por lo tanto, quisiera retirar la denuncia porque si no tampoco puedo sentirme bien». Caen en la trampa de la compensación, en la que la culpa las empuja hacia el pasado, para intentar complacer a las personas por las que se sienten culpables.

La cultura también facilita los mecanismos de la culpa. Hemos creado una cultura de recompensas para que te esfuerces en conseguirlas. Si no lo logras, te sientes culpable. La motivación de la acción es la recompensa, no la cualidad de lo que haces. Esta cultura ha penetrado en la religión, en la publicidad y en otras muchas áreas. Se dan garantías falsas: si haces esto, si compras esto, recibirás tal y cual cosa. Si sigues tales pautas, recibirás la recompensa del cielo. Si sigues siete pasos para lograr el éxito y la prosperidad, lo lograrás, y si no los sigues, sentirás culpabilidad o fracaso por no haberlos seguido. Si no sigues, ciertos mandamientos o pautas, tienes miedo y te sientes culpable.

La enseñanza y estas promesas no son necesariamente erróneas. Es cierto que cada acción conlleva una respuesta, que puede ser una recompensa o no. La expresión en la acción puede no ser correcta cuando la motivación que nos lleva a la acción está en la recompensa, no en la calidad de la acción, en la energía que le pones ni en la excelencia, ni siquiera en un objetivo que te trascienda a ti y a tu yo limitado o egocéntrico.

Para no caer en la culpa una y otra vez debes sanar las relaciones y liberarte de los malos sentimientos. Si mantienes rencor, sigues actuando en contra de lo que consideras que está bien. El rencor te mantiene en el «se lo haré pagar», y entonces actúas sin ser íntegro con tus valores. La ira te domina. Luego te sientes culpable por cómo has actuado.

La vía de salida de esta espiral de rabia, resentimiento y culpa pasa por aceptar y perdonar. Aceptar lo que ha ocurrido; lo cual puede implicar aceptar la pérdida, aceptar que te engañaron, aceptar tu error o el del otro o aceptar que te hirieron. La culpa puede ser útil cuando nos avisa de que hay algo que arreglar. Si nos disponemos a verlo, a dialogar y a aclararnos, vamos bien encaminados. Darse cuenta es bueno: es la base para cualquier cambio positivo. Es importante no martirizarse. Es necesario ser honesto, reconocer el error y, asentado en tu dignidad, actuar con humildad.

Queja

Al ver lo que no funciona, lo que querrías que fuera y no es, te quejas. Cuando tus expectativas no se cumplen, te quejas. Con la queja creas pesadez y no transformas. Te quedas encallado ahí. La queja te lleva al resentimiento y a la decepción.

Todo depende de dónde enfocas tu mirada. Si algo no va bien, soluciónalo si puedes y, si no, cambia y sé proactivo. Muévete. Empieza a agradecer estar vivo, ser quien eres y los amigos que tienes, la belleza que te rodea y el milagro que se da en cada instante que respiras, aquí y ahora. Busca lo bueno y las oportunidades de mejora. Celebra que estás aquí.

Compararte

Es un hábito humano el comparar y el compararnos. Cuando el compararte te lleva a sentirte inferior o superior, creas prejuicios y una idea errónea de privilegios. Es una comparación que divide: te hace sentir inferior o superior, dependiendo de si tienes más o menos privilegios. Si tienes menos, nutres la falsa creencia de que no eres digno o de que no vales lo suficiente.

Presta atención a las situaciones en las que permites que otro te impresione y te compares con él. Impresionarse no es malo, pero puedes caer en la tendencia de quedarte atrapado en lo superfluo y en las apariencias. Lo que te impresiona influye e incluso moldea tu conciencia en ese momento. Pierdes la habilidad de crear tus pensamientos y sentimientos, y estos se ven influidos por la impresión que has permitido que la otra persona deje en ti. A veces, la impresión es tal que te abandonas a ella. Cedes tu poder al otro, y dejas que domine tu mundo emocional.

Cuando te comparas con los demás sin aceptar tu presente, quieres lo que tiene el otro, sus propiedades, sus talentos, sus logros. En vez de agradecer lo que tienes y aceptarte como eres, intentas tener y ser como el otro. De esta forma, nunca estás satisfecho. La insatisfacción te provoca un malestar constante que reduce tu vitalidad.

Al buscar en el exterior los referentes del ser, automáticamente te alejas de tu propio centro, de tu núcleo de fuerza. Das poder a otros para que ellos determinen cómo estás, qué haces y cómo lo haces e incluso quién eres. Desconectado de tu núcleo de poder interior, no estás satisfecho contigo ni con el otro.

Elige bien con quién te comparas. No dejes de valorarte. Al compararte apreciando y respetando lo que son y hacen los demás y lo que han logrado, aprendes.

Rutina

La rutina duerme la consciencia, la anestesia, es como un veneno lento. En la rutina pierdes la motivación. Aquello que antes te apasionaba ahora ya es rutinario, y te sientes atrapado por tu propia realidad. La rutina te tira hacia abajo, y cuando te planteas un cambio, enseguida desistes. La rutina consume tu energía y te sientes perezoso. A no ser que nos veamos empujados e incluso presionados a cambiar, nuestro aferramiento a lo conocido y nuestras adicciones a lo rutinario son tales que nos quedamos anclados en el confort de lo conocido y de nuestras «dosis» habituales.

Necesitamos un empuje para innovar . En esta época, no solo es necesario el cambio, sino que es imprescindible. Cuando no escuchamos ni sentimos esta necesidad, nos viene impuesta. La naturaleza la impondrá a través de una crisis, un colapso, una ruptura, un accidente, una enfermedad o una separación. Saldremos de la rutina forzados por ese quiebre.

La meditación nos conecta con nuestra fuerza creativa y nos da la vitalidad y la valentía para salir de la rutina.

Atrapado en el recuerdo

Vivir atrapados en el recuerdo de un ser querido que nos dejó, en el recuerdo de una situación que ya no existe, o en el recuerdo de alguien que vive pero con quien ya no nos vemos, no nos permite estar atentos, ahora, ni gozar con libertad del momento presente.

Haz las paces con los recuerdos grabados en tu memoria. Consigue que no te inquieten ni te generen dolor. Se trata de lograr que ese recuerdo de lo que fue y ya no es no genere deseos inalcanzables, insatisfacción, frustración ni tristeza. Es cuestión de impedir que tus recuerdos invadan tu espíritu, tu mente y tu corazón. Circunscribirlos, limitarlos, ponerlos en su sitio: en el pasado. Ayer ya es pasado.

Respecto a tus vivencias acumuladas, medita para mejorar tu habilidad de gestionar tus recuerdos. Limpia los armarios del ser, para que los recuerdos almacenados no provoquen molestias, interferencias ni sufrimiento en el momento presente. Medita para aceptar y soltar. Agradece el pasado. Aprende de él, pero ahora suelta y libérate. Vive este momento en plenitud. Depende de ti utilizar tu voluntad y ser plenamente consciente con determinación para que así sea. Utiliza tu tiempo, tus talentos y tus pensamientos en tareas creativas. Ayudar al prójimo te ayudará a salir de la soledad y a relacionarte. Comparte, dialoga e involúcrate en servir.

Miedo y rechazo

La Leyenda Personal es aquello que siempre deseaste hacer. Todas las personas, al comienzo de su juventud, saben cuál es su Leyenda Personal. En ese momento de la vida todo se ve claro, todo es posible, y ellas no tienen miedo de soñar y desear todo aquello que les gustaría hacer en sus vidas. No obstante, a medida que el tiempo va pasando, una misteriosa fuerza trata de convencerlas de que es imposible realizar la Leyenda Personal. Sólo una cosa hace que un sueño sea imposible: el miedo a fracasar.

PAULO COELHO

El miedo te frena y te impide hacer lo que quieres y dirigirte hacia donde quieres ir. Te bloquea en la comunicación y en la expresión de lo que quieres decir. El miedo hace que escondas, reprimas y no expreses lo más hermoso, lo más bello de tu ser.

El miedo influye en tu capacidad de razonar, de discernir y de tomar decisiones. Te hace dudar, te vuelve indeciso incluso en las decisiones más triviales de tu vida.

El miedo no permite que tu energía fluya, y ello debilita tu estado de bienestar y salud general. El miedo te encierra en ti mismo y te vuelve indeciso. Es una sombra sobre tu propio ser que te impide actuar con soltura y fluidez. Reduce tu capacidad de expresión, de ser tú mismo, de afrontar y fluir en la vida.

El miedo es una experiencia en la que existe ansiedad, inhibición y desconfianza. El miedo puede llevarnos a la agresividad y al cinismo, a la depresión, a la enfermedad, a la derrota, a la falta de sentido de la existencia y, eventualmente, a la muerte.

El miedo aparece a menudo en nuestras vidas en forma de estrés, preocupaciones y ansiedad. El estrés está conectado con sentir presión, sentirnos empujados, forzados, con fechas límite de entrega y con hacer más. Tener que producir más y más, y tener que ser cada vez mejor en ello, genera tensiones y preocupaciones que surgen bajo la forma del miedo de no ser capaces de conseguir esos objetivos o resultados a tiempo.

El miedo invade nuestro ser y nos quedamos en un estado mindless en el que perdemos nuestra fuerza y nuestro valor. Debes tener cuidado con aquello a lo que le tienes miedo, porque lo invocas. El miedo es como un imán. Si tienes miedo a que te ocurra algo e, incluso, visualizas que te puede ocurrir, eso te atemoriza. Lo que estás propiciando es invocar para que eso ocurra, porque el poder de la mente y de la visualización es muy grande. Si vas con miedo a que te roben, con miedo a tropezar, con temor a perder, estás invocando el robo, el tropiezo y la pérdida. El miedo al rechazo produce rechazo. En el miedo, uno se siente amenazado por algo real o imaginario.

El miedo al rechazo nos mantiene dependientes. Hay un dicho en inglés: *Hell has no fury like a woman scorned*, es decir, el infierno no tiene una furia igual a la de una mujer rechazada. Para un hombre, también es muy doloroso sentirse rechazado o abandonado por una mujer, en especial si él se ha comprometido y ha formado una familia con ella.

Del miedo al rechazo deriva el miedo a ser distinto o a ser percibido como distinto. El miedo al rechazo es doloroso y adictivo al mismo tiempo. El rechazo duele y genera ira y deseos de venganza. El que causa el rechazo difícilmente se aparta emocionalmente de la vida de aquel a quien rechazó.

Si reconoces que los rechazos no son una condena, sino una experiencia que todos debemos afrontar una y otra vez, te resultarán más fáciles de soportar y superar. Tú sigues siendo valioso, independientemente de la aprobación o desaprobación de los demás. Dios te ama.

El olvido

Uno de los principales bloqueos para la positividad es el olvido de que en nuestro interior hay una fuente de recursos positivos inmensa. A causa de esta desconexión y de este olvido se busca la felicidad, el amor o la paz en el exterior. Entonces quedamos a merced de los aspectos externos, ya se trate de las personas, circunstancias, posesiones, o de los ambientes. Como consecuencia, esas cosas o personas de las que dependemos para ser felices tienen poder sobre nosotros y pueden influirnos con facilidad, tanto en sentido negativo como positivo; así, nos hacemos dependientes. Cuando las situaciones externamente van bien, nos sentimos bien, cuando van mal, nos trastornamos y perdemos nuestra estabilidad interior.

Olvidarse es distraerse y desaprovechar la oportunidad del ahora: el presente. Te olvidas del ahora, estás en el futuro o en el pasado y no respondes a la situación presente con precisión. Tu energía está dispersa.

Reconoce la singularidad irrepetible de este momento. Una amiga compartió conmigo cómo estuvo plenamente presente cuando sintió que tenía la última oportunidad. Cuando las personas sienten que se hallan ante su última oportunidad, o ante una oportunidad única, intensifican su intención en lo que hacen y su atención es plena. En su caso, se trataba de su último día de clase. Era el último día que iba a ver a los alumnos y que iba a estar en esa escuela como profesora. Estuvo especialmente brillante, presente y creativa. Dio el máximo de sí misma. Su presencia fue plena e intensa. Impactó tan positivamente en los estudiantes que aun hoy, transcurridos varios años, todos recuerdan aquel día.

La clave para transformar está en saber olvidar y saber recordar. No olvides lo que debes recordar. No recuerdes lo que debes olvidar.

De mindless a heartless

La falta de atención, la avaricia, el odio, la ignorancia, la culpa, las quejas, el compararte, el vivir atrapado en la rutina, el vivir en el pasado, los miedos y los olvidos te desconectan del corazón de tu ser. Con una mente distraída y abarrotada de ruidos, el corazón no puede estar en paz. Es decir, que cuando te vuelves mindless, te quedas heartless. Estás en un estado de ignorancia, el estado que los hindúes denominan *maya* y los budistas, *mara*.

Ignorancia

La ignorancia es el principio de todos los males. Por ignorancia no somos conscientes del impacto de nuestros pensamientos, palabras y acciones. Tomamos decisiones que nos atrapan en el sufrimiento. Nos identificamos con lo que no somos. Creemos que la mentira es verdad y que la verdad es mentira. *Maya* para los hindúes es la ignorancia, el origen de todo sufrimiento.

Ramana Maharshi, un místico hindú del siglo pasado, decía: «Elimina el ego y la ignorancia desaparece. La ignorancia pertenece al ego. ¿Por qué piensas en el ego y sufres? Es una ignorancia que consiste en el olvido del alma, en el desconocimiento de tu ser. Si conoces el alma ya no habrá oscuridad, ni ignorancia, ni miseria».

Cuando eres ignorante, no eres consciente de los principios universales por los que nuestra naturaleza funciona. La gente entonces no sigue los principios, y de ahí emergen los vicios. El apego te hace ignorante del amor. El ego te hace ignorante del ser auténtico, y uno vive una imagen fabricada de sí mismo. La avaricia te hace ignorante creyendo que si tienes más, serás más. La ira te vuelve ignorante con la creencia de que si utilizas la fuerza, conseguirás salirte con la tuya. Demasiada astucia, y la arrogancia que comporta ser astuto, llevan a una falta de heartfulness y falta de afecto. La arrogancia hace que uno sea ignorante. La lujuria lleva a una dependencia emocional. Uno no ve al otro en su forma más elevada; no valora lo único y excepcional en la otra persona. La lujuria es una energía centrada en uno mismo, y le hace a uno ignorar al otro en su completitud. Cuando en la lujuria hay sumisión completa al otro o al vicio, de manera que uno no puede vivir sin ello, se vuelve adictiva. Las personas ignorantes tienden a vivir adicciones. En la adicción, el alma se mantiene en el sufrimiento.

9. Heartless

La persona cuyo espíritu es libre domina su mente, dirige su pensamiento y mantiene centrada su atención. Su corazón está en paz, irradiando energía positiva y energía de amor. No el corazón físico que bombea la sangre y la hace circular, sino el corazón que está en la conciencia: el corazón del alma.

Parece que muchos se han salido de su corazón para instalarse en la mente. Al convertir la mente en nuestra residencia, permanecemos ocupados llenándola de preocupaciones, ansiedad, frustraciones, enfados y un sinfín de pensamientos que nos agitan y nos hacen reaccionar. Así, vamos enterrando nuestro verdadero corazón, el corazón del espíritu.

Los pensamientos se convierten en una niebla que nos impide ver y sentir con claridad. A medida que se fortalecen estos hábitos de pensar acelerado, mente ocupada y reactiva, nuestro corazón se vacía y se queda hambriento del aire fresco del amor.

Cuando uno está desconectado del corazón de su ser está en un estado heartless, en el cual su actividad intelectual y mental se magnifica. Vive más en la mente que en el corazón. Es dogmático. Se ha desconectado de sentir plenamente. Para sentir necesita emociones fuertes que pueden llegar a ser agresivas. Entonces es exageradamente emocional e impulsivo. Le falta sutileza. Es mecánico en su forma de funcionar. Heartless es intranquilo, sin paz. Es violento porque no siente al otro, no lo reconoce ni lo considera. Le falta tacto, amabilidad y delicadeza en el trato. Se trata mal a sí mismo y a los demás. Al ser violento pierde libertad.

Heartless es hipócrita y engañoso. En su deshonestidad miente y sustenta la mentira. Se apropia de lo que no es suyo. Genera rumores, habla mal de los demás y crea suposiciones erróneas. No considera al otro y es narciso. No siente al otro. No ve al otro. No es consciente de las consecuencias de su «ceguera». No se respeta ni respeta. Está ensimismado en su yo, en su mí y mío.

Veamos qué ocurre y cómo uno llega a vivir heartless.

Narciso

El individualismo ha comportado logros, como una mayor libertad e independencia personal, pero nos ha atrofiado emocionalmente, en especial cuando prima el yo sobre el nosotros, y perdemos la habilidad de convivir, comunicar, escuchar y dialogar. No practicamos la tolerancia ni un compartir sano. La individualización que vive el que es narcisista no le satisface ni le ofrece verdadera plenitud. Huyendo o rechazando al otro, no se logra la plenitud.

Cuando al estar con el otro, o los otros, perdemos la paz interior, optamos por la soledad narcisista. Esto disminuye la posibilidad de desarrollar cualidades y poderes internos que son necesarios en la convivencia, como la cooperación, el pedir, ofrecer y acordar, el diálogo, la escucha activa, la empatía, amar y permitirse ser amado, afrontar, soltar, ser paciente, perdonar, y un largo etcétera. Nos volvemos heartless y posesivos. Al sentir posesión hacia el otro le privamos de libertad y nos privamos de la nuestra.

Posesivo

> El hombre que abandona el orgullo de la posesión, libre del sentimiento del «yo» y de lo que es «mío», logra la paz suprema.
>
> *Bhagavad-gita* 2,71

La necesidad dependiente, *neediness*, forma parte de la cultura de la escasez, el consumo y la posesividad. Vivimos en la cultura del tener más que del ser, y lo que tenemos caduca. Estamos ansiosos por tener más y nos hundimos en la angustia que provoca el temor a la pérdida. Cuando tenemos, poseemos, y cuando poseemos, tememos perderlo. Consumimos mucha energía deseando tener, aferrándonos a lo que tenemos y temiendo perderlo. Vivimos en el espejismo de la posesión que alimenta la apariencia de estar llenos y nos aporta una seguridad aparente que es inestable e incierta.

Nos aferramos a nuestro estilo de vida, a nuestros privilegios. En la vida, las siete «p» (posición, propiedad, paga, privilegios, prestigio, persona y puesto) vienen y se van y luego aparecen otras que también se irán. Es como un río en constante movimiento. Si intentamos detener el fluir del río, creamos una presa, se estanca el agua y provoca una presión que se va acumulando en nuestro interior. Vivimos bajo la presión del tiempo, de las fechas límite, de lo que hay que hacer, pero sobre todo bajo la presión que nos provoca el miedo a lo que pudiera ocurrir, miedo a lo que podríamos perder o estamos perdiendo ya.

Podemos actuar desde el miedo, la inseguridad, el apego y el aferrarnos; porque tenemos miedo a perder; porque basamos nuestra autoestima en el poder, en los privilegios, en nuestras propiedades. Perderlos supone una amenaza a nuestra identidad. Y cuando estás absorto en tu propia ambición, te vuelves insensible (heartless) a la existencia de otras personas, incluso a las que viven contigo. Dejas de ser cuidadoso y de cuidar.

La posesión y la avaricia son la semilla de la corrupción. La corrupción es debida a que no nos importan las otras personas, no cuidamos, no respetamos. No respetamos la energía del dinero. Con el dinero se pueden obtener grandes logros, como curar, alimentar y generar un verdadero bienestar. Pero cuando no se respeta ni se cuida la energía del dinero, la falta de cuidado lleva a la corrupción. Cuidar es amar. Corrupción es una de las expresiones máximas del desamor. Si amáramos, no habría personas muriéndose de hambre en el mundo.

Ante esta dinámica del comportamiento humano necesitamos confianza, creatividad y coraje. Ir hacia el interior, saber reflexionar, y dejar de buscar culpables fuera. Al proyectar hacia fuera buscando siempre a los culpables, caemos en no asumir nuestro poder personal y la posibilidad de que nuestra presencia sea transformadora. Asumamos la responsabilidad y sepamos soltar. Lo que realmente necesitamos vendrá a nuestro encuentro, no tenemos que aferrarnos a ello. Aprendamos a respetar y a cuidar. Miles de personas se mueren de hambre y de violencia y nosotros nos mantenemos apegados, temiendo perder nuestros privilegios. Creemos un entorno de cuidado. Cuidémonos. Actuemos teniendo al mundo, al planeta, en nuestra visión.

Inseguridad

Vivimos en momentos de incertidumbre. Al estar heartless, la inseguridad a menudo se apodera de nosotros porque no estamos asentados en nuestro corazón, en el centro de nuestro ser. El estado de soledad, inseguridad e impotencia cuando se produce un vacío interno, cuando la creatividad está atrofiada y las emociones están bloqueadas, es a veces insoportable. Para superarlo, uno tiene dos opciones: vencer esta situación, o sucumbir a ella. Con la primera, estás en condiciones de avanzar hacia la libertad positiva, en la que asumes tu soberanía personal y puedes establecer espontáneamente tu conexión con el mundo en el amor y el trabajo, en la expresión genuina de tus facultades emocionales, sensitivas e intelectuales; de este modo, volverás a unirte con la humanidad, con la naturaleza y contigo mismo, sin despojarte de la integridad y autonomía de tu yo individual y único.

Con la otra opción retrocedes, abandonas tu libertad y tratas de superar la soledad eliminando la brecha que se ha abierto entre tu personalidad individual y el grupo (familia, colectivo o el mundo), generando dependencias, adicciones y un desequilibrio en el cual tu mente se obsesiona y piensa en negativo, y a nivel emocional te alteras con facilidad.

Para desarmar la inseguridad interior, descubre qué pensamientos están detrás del sentimiento de malestar o de presión que sientes: «Quizá no llegaré a tiempo», «Si no lo entrego a tiempo, perderé el trabajo», «Si no hago esto, dejarán de apreciarme». En este tipo de pensamientos existe el miedo a perder algo si no logras satisfacer unas expectativas. Este miedo ejerce una presión que reduce tu capacidad de lograr tus objetivos. Para que esto no ocurra, cambia el curso de los pensamientos que estás teniendo. Ten pensamientos de confianza y entusiasmo en vez de pensamientos cargados de inseguridad y miedos. Para ello debes detectar aquellas creencias que influyen en la creación de tus pensamientos. Hay pensamientos que vienen determinados por tu creencia de qué es el éxito y qué es el fracaso, qué es ganar y qué es perder. Hay creencias que, aunque las creemos, no son ciertas, son como un velo que nos impide ver con claridad y que generan en nosotros inseguridad, miedo y sentimientos de presión.

La insatisfacción permanente

Probablemente, nunca habíamos tenido tanto y al mismo tiempo nunca habíamos estado tan insatisfechos. ¿Qué sociedad hemos construido para que, teniendo tanto, continuemos tan insatisfechos, es más, para que haya aumentado nuestra insatisfacción? Es una grandísima pregunta.

La sociedad de consumo ha creado una cultura de acumulación y materialismo que, por mucho que tengamos, no nos satisface. Es un espejismo que genera en nuestro interior una satisfacción aparente. Pero cuando miras en el espejo de tu corazón, encuentras tristeza, sufrimiento y vacío. Insatisfacción. Tenemos mucho y de todo. Podemos elegir. Aun así, la insatisfacción parece ser una constante.

Vivimos en la cultura del tener, en la que corremos tras los logros, el poder, las posesiones, las personas, los objetos y las modas. Llega un momento en que no sabemos hacia dónde corremos ni cuál es el sentido pues seguimos en una insatisfacción permanente.

Queremos llenar un vacío que sentimos, y lo hacemos a través de comprar, consumir y distraernos. Vivimos en espacios cada vez más pequeños y abarrotados de cosas. Espacios pequeños no solo a nivel físico, sino también a nivel interno: no nos queda espacio para pensar ni sentir desde el ser. Estamos dando vueltas a lo ya conocido, pensando y sintiendo repetidamente lo mismo: quejas y más deseos. Nos falta el espacio interior que permita un fluir de energía creativa, que permita a Dios ser y estar en ti.

Necesitamos silencio para crear, para comunicar y conectar de verdad con uno mismo y con el otro. La satisfacción surge de aceptar lo que es y lo que hay sin dejar de lado nuestros sueños, anhelos e ideales. Avanzando hacia ellos desde el aquí, lo que hay, y desde el ahora, lo que es.

No escuchar tu intuición

La intuición es la voz de la sabiduría de nuestro ser, como expliqué en las págs. 23. Quien la escucha y la vive es heartful. Esto nos lleva a preguntarnos: si la existencia de la verdad de la sabiduría y el amor en el mismo corazón de nuestro ser es real... ¿por qué no la escuchamos, y por qué no nos dejamos guiar por ella? Y cuando la escuchamos, ¿por qué no confiamos en ella con facilidad? La respuesta sencilla es: por nuestra programación racional material.

Estamos programados para creer que la vida es un viaje y un proceso lineal, racional y físico. Y que se requiere de mucha energía mental durante el camino. Las creencias limitadoras no te permiten escuchar tu intuición y te bloquean. Tendemos a negar nuestras posibilidades y a limitar nuestro potencial. Estamos programados para creer que cualquier asunto o problema que emerja en nuestra vida requiere de mucho pensamiento a nivel racional. Y que nuestro pensar debe guiarse y medirse con las teorías racionales de otros, sus fórmulas y modelos. Así, nos perdemos en el pensamiento y negamos nuestro acceso a la sabiduría interna, que yace en nuestro corazón.

Al ahogar la voz interior con la cháchara mental y racional, anulamos los sentimientos sutiles y tapamos la luz guía y sabia de nuestro corazón, lo que con otras palabras denominamos la voz de la intuición. Entonces, no escuchamos a la intuición, la ignoramos o pasamos de largo. Como resultado, hay pobreza de sabiduría en nuestro mundo actual, suele haber falta de amor real en nuestras relaciones y a menudo vivimos unas vidas diseñadas utilitariamente, sin que nuestra alma esté en ellas; son funcionales y sin la chispa de la alegría y el disfrute diario.

10. Pensar

Mindfulness tiene que ver con el pensamiento que es la creación de la mente. El pensamiento puede ser beneficioso o nocivo, positivo o negativo, necesario o inútil, insípido o creativo, elevado y sublime o destructor y desgarrador. En consciencia plena, tu pensamiento está alineado con tu corazón. El diálogo entre mente y corazón, pensamiento y sentimiento, es fructífero y energizante. Te vigoriza y mantiene tu tono vital.

Generamos unos cincuenta mil pensamientos al día. Muchos son innecesarios. Hay pensamientos que son poesía y expresión de belleza, son inspiradores y te elevan. Otros pensamientos son como tormentas que te azotan.

Tormentas de pensamientos innecesarios

Los pensamientos innecesarios son pensamientos que emergen en momentos inoportunos. Son pensamientos de preocupación y de intranquilidad que aparecen en la mente. No tienen utilidad constructiva, ni son tampoco particularmente negativos.

A veces surgen en grandes cantidades. Al pensar demasiado te desconectas de tu ser esencial; te enredas en la telaraña de tus pensamientos inútiles. Tus pensamientos pierden autenticidad, dirección y sentido.

Los pensamientos innecesarios e inútiles pueden referirse al pasado: «si esto no hubiese sucedido», «¿por qué tuvo que decirme eso?». Demasiados pensamientos sobre algo que ya no podemos cambiar. También son acerca del futuro: «¿qué va a ocurrir mañana?, ¿cómo va a ocurrir?, ¿qué haré si me quedo solo?». Son pensamientos rápidos, repetitivos, inútiles y no te llevan a ninguna parte. Debilitan tu habilidad de concentrarte. Te distraes. Si tienes muchos de tales pensamientos, utilizas más energía y tiempo para llevar a cabo cada tarea. Además originan negatividad, irritación e impaciencia.

Una práctica aconsejable para no dar cabida y atención a este tipo de pensamientos es procurar no usar demasiado los tiempos verbales condicionales, ya sean en pasado o en futuro, por ejemplo:

«Si hubiera estado ahí en esos momentos, no habría sucedido esa desgracia».

«Si hubiera tenido esa información a tiempo, habría ganado ese caso».

«Cuando tenga el título seré más respetado por mis superiores».

Desde el momento que el pasado ya ha pasado y el futuro aún está por venir, este tipo de pensamientos no te sirven, debilitan tu fuerza interior y te cansan. Aprende a transformarlos y a evitarlos. Presta atención a no crearlos, así estarás más concentrado y energético, y tendrás mayor claridad para tomar las decisiones adecuadas. Decídelo y hazlo. Deja de ser una fábrica de pensamientos innecesarios. Practica la atención plena

Pensamiento maquinal

Cuando los pensamientos son repetitivos se vuelven maquinales. Corres tras ellos como una sombra que no se despega de su objeto. Piensas sin darte cuenta de que piensas. El pensamiento repetitivo es como un martillo que da en el clavo sin cesar. Es un pensamiento robotizado y automático. Surge de hábitos, formaciones y percepciones mentales. Con el pensamiento maquinal pierdes soltura, creatividad y fuerza. Si además el pensamiento es negativo, acaba atormentándote y creando problemas que no existen.

Entra en el silencio y transforma tu «máquina» automatizada. Sal del túnel de pensamientos repetitivos agotadores. Tú eres quien creas tus pensamientos. Tú los puedes cambiar. Convierte tu mente en una fuerza creadora inspiradora que sintoniza con la melodía celestial, con el canto de gozo universal. Disfruta de tu creación, de los pensamientos que generas. Piensa lo que quieres pensar.

Pensamiento de fórmulas

El pensamiento basado en fórmulas, eslóganes, citas, máximas, preceptos, y otro tipo de afirmaciones, puede ser engañoso y vacío. «Si te limitas a apegarte a un sistema de conceptos, solo consigues quedarte atrapado en él», afirma Thich Nhat Hanh. Las fórmulas pueden contener en sí mismas verdades rotundas que impresionan, pero raramente se practican ni viven de forma sistemática. Tales verdades engañan tanto a quienes las escuchan como quienes las dicen, creyéndose que están haciendo aquello de lo que hablan y predican. Encontramos este autoengaño en conferencias, en propaganda política, religiosa, y en otros ámbitos, como el psicológico y terapéutico.

Algunas de estas fórmulas pueden ser:

- Sé el cambio que quieres ver en el mundo.
- Trata a todos con igualdad.
- Dios es amor.
- Actúa con integridad.
- Respeta a todos los seres vivos.
- Vive los derechos democráticos.

Son lemas inspiradores que contienen verdades, pero si no se comprenden, no se viven ni se practican, pierden fuerza, y aunque la persona cree que las vive, su comportamiento no lo demuestra. Creemos que conocemos esos valores, pero nada es conocido hasta que se vive plenamente. Hay una ceguera complaciente al creer que sabemos y que lo que va mal es culpa de otra cosa u otra persona. Los pensadores y conferenciantes de fórmulas utilizan palabras muy hábiles, presentan hechos que impresionan y argumentos que no son su realidad, la vivida en carne propia. Tales personas crean espejismos que se desmoronan con el tiempo porque su vida práctica no sustenta las fórmulas, no las han integrado en su comportamiento.

Lee con atención y no aceptes ninguna frase de este libro como una fórmula. Indaga en ti y experimenta. Permite que tu pensamiento renazca inspirado por nuevos horizontes.

El renacer del pensamiento

Permite que tu pensamiento renazca de la esencia de tu ser, lejos de formaciones mentales, rutinas y hábitos anquilosados. Permite que tu mente experimente nuevas formas de pensar. Algunas de ellas son: el pensamiento creativo, el pensamiento reflexivo, el pensamiento contemplativo y el pensamiento claro. Veámoslos a continuación.

Pensamiento creativo

La creatividad tiene muchas dimensiones. Sin duda, tú puedes ser más creativo. Para lograrlo cultiva el pensamiento creativo. El pensamiento creativo te ayuda a salir de los hábitos del pensamiento rutinario y maquinal, y te da pautas y claves para que el pensamiento de fórmulas se convierta en vivencia práctica.

El pensamiento creativo abre. Abre tus ojos para ver y darte cuenta. Abre tu corazón cerrado para sentir y ser. Abre la mente sacándote de tus limitaciones para entrar en lo ilimitado y en lo sagrado de la existencia. Abre para que expreses tu potencial sin temores. Al desplegar todo tu potencial creativo dormido aparecen un sinfín de posibilidades ante ti y para ti.

El pensamiento creativo surge de una conciencia despierta. Surge de una creatividad que no solo te ayuda a ti, sino que acompaña y saca a los demás de sus cajas corporales del placer egoísta, de sus cárceles mentales y de sus zonas de confort. Para esto tiene que ser una creatividad atrevida: que sea elevadora y transformadora; que trascienda y lleve a trascender.

El pensamiento creativo ofrece espacio para ser, para existir y para dejar ser. No coloniza tu mente, sino que la libera de los miedos y la abre a su capacidad creadora.

Para potenciar el pensamiento creativo puedes plantearte preguntas provocadoras, que te hagan pensar con creatividad. «Una pregunta no realizada es una puerta no abierta», dijo Marilee Goldberg. Las preguntas nos invitan a descubrir aspectos de la realidad antes ignorados o desconocidos, nos llevan a sufrir o a aprender, a culpar o a responsabilizarnos, a ser conscientes o a permanecer anestesiados. La misma autora nos explica que: «Un cambio de paradigma ocurre cuando se plantea una pregunta en el paradigma actual que solo se puede responder desde fuera de él».

Las preguntas pueden ayudarnos a cambiar cómo vemos la realidad. Como dice Wayne Dyer: «Cambia la forma de mirar las cosas, y las cosas a las que miras cambiarán». Las preguntas pueden generar ideas creativas que impulsen el cambio adecuado. El arte de plantearnos preguntas tiene implicaciones importantes, no solo para el cambio de nuestros supuestos, sino también en la creación de nuevas posibilidades para la acción constructiva. El pensamiento creativo es práctico cuando está asociado a la intención inclusiva que abraza, acoge y es generosa. La salud personal, la salud del planeta y la salud de la humanidad dependen de que todos pensemos y trabajemos creativamente.

Pensamiento reflexivo

El pensamiento reflexivo es constructivo y progresivo. El intelecto y la mente se centran en una pregunta o idea y profundizan en ella buscando e intentando ver y experimentar posibilidades. El pensamiento reflexivo ofrece nuevas perspectivas y abre nuevos horizontes en la visión del pensador. Al entrar en un curso de pensamiento reflexivo, uno puede salir de un autocentramiento egoico y crear un espacio de investigación e indagación en sí mismo que genere autenticidad.

Tenemos ejemplos de pensadores reflexivos, como Edison, Florence Nightingale, Rudolf Steiner, Arquímedes, María Montessori; encontraron nuevas perspectivas y beneficiaron con ellas a la sociedad. Cuando tal pensamiento se traslada a la acción, esta impacta positivamente en la sociedad gracias a que el pensador reflexivo piensa más allá de sí mismo, ofrece métodos aplicables al beneficio social.

De todas maneras, el pensamiento reflexivo puede ser contraproducente si no está alineado con una intención beneficiosa para el ser y para los demás. En este caso habrá exceso de análisis, escrutinio intelectual, crítica y demasiado pensar y discutir, con lo cual el resultado creativo original y el descubrimiento pueden disiparse. El pensamiento reflexivo puede salirse de los raíles si no hay un propósito benevolente, y puede volverse inútil o incluso destructivo, como ha ocurrido en algunos entornos profesionales, científicos, tecnológicos, en los cuales cuando la motivación es egoísta, la práctica profesional deja de ser ética. El pensamiento contemplativo contribuye a mantener el pensamiento reflexivo en los raíles; los raíles entendidos como un estar alineado con tus sueños y con los principios de una vida con sabiduría (véase pág. 96).

El pensamiento contemplativo

Para que emerja lo mejor en el ser, el pensador debe aprender a encontrar y estar en la quietud. El pensar contemplativo no implica que sea exclusivo de monjes y monjas. Es el pensamiento que toda persona consciente busca de quietud interna. Es la quietud de un espacio creativo interior en el que la mente se refresca, el corazón se calma, y ello influye positivamente en su existencia social. Esto es importante: el pensamiento contemplativo no aísla, sino que vincula con el mundo y con la realidad social.

El pensamiento contemplativo lleva a momentos clave de claridad. Nos abre a la sabiduría interior. El momento «ajá», el de darse cuenta, surge a menudo en los lugares menos esperados, como en la ducha, paseando con el perro o regando las plantas. Arquímedes explica que reflexionó y analizó mucho tiempo sobre un problema matemático. Un día, mientras estaba relajándose en el baño, obtuvo la solución repentinamente y gritó: ¡la encontré! Al soltar la actividad intelectual de buscar, idear, analizar, racionalizar, y dejar un espacio abierto y relajado, permitió que apareciera el darse cuenta. Sin duda es necesario analizar, investigar y racionalizar, pero también es necesario soltar esa actividad intelectual para dejar espacios en los que emerja la intuición y nos abra las puertas a la sabiduría interior.

Fritjof Capra, en su libro *El Tao de la física*, describe un estado parecido. Después de un período de investigar y analizar aspectos de la física, se fue de vacaciones. Al relajarse frente al mar, lejos de los experimentos y del pensamiento científico, mientras escuchaba el ritmo de las olas, tuvo una visión. De repente y de forma inesperada vio la danza de las partículas del átomo, y se sintió parte de esa danza. La sintió a su alrededor y la vivió como una danza eterna del cosmos. Esa danza sería la experiencia que en otras palabras manifiesta Thich Nhat Hanh:[35] «El conocedor no puede existir independientemente de lo conocido». Es una danza que lo envuelve todo, lo es todo. Es una danza consciente y contemplativa.

Pensamiento claro

El pensamiento claro es un pensamiento puro, luminoso, sin mezclas que lo enturbien. Es un pensamiento sabio que emerge de una conciencia tranquila, una mente serena y un corazón en paz. El pensamiento contemplativo nos lleva al pensamiento claro. Muchos innovadores e inventores obtuvieron sus revelaciones en la quietud de la contemplación; cambió su percepción, su forma de ver y vivir.

Los pensamientos claros te dan fuerzas. Úsalos y acumula la energía que te proporcionan. Te llevan a experimentar felicidad. Esta es temporal si no aprendes a acumular la energía espiritual que te brindan, y la desperdicias en pensamientos innecesarios.

Para permitir que aparezcan los pensamientos claros aprende a barrer la mente de lo inútil, dejando espacio.

> Aprende a hacer preguntas y a no esperar respuestas.
> Si te concentras demasiado en las respuestas, las pierdes.
> Las preguntas relevantes son como escobas
> que barren la mente y crean un espacio limpio.
> La mente necesita espacios vacíos.
> Las respuestas entran en estos espacios.[36]

11. Libertad

¿De qué manera la consciencia plena me hace libre?

Comparto aquí mi experiencia. De hecho, este libro es una manifestación de mi experiencia y mis anhelos. Pero en las frases que siguen soy más directa en cuanto a lo que siento y es una realidad en mi vida. Lo hago con la esperanza de que te sirva de inspiración y te dé la confianza de que es posible.

La consciencia plena me ayuda a involucrarme sin identificarme, sin buscar resultado, sin que la acción me nutra sino que yo nutro a la acción. Me ayuda a dar y a prestar atención a la calidad de la acción.

Me fortalece para dominar mi pensamiento, y pensar lo que quiero y no pensar lo que no quiero pensar.

Gracias a la consciencia plena aprendo a soltar y a vivir un vacío pleno.

He experimentado la carcajada cósmica, la danza de los elementos, el *raas lila* (la danza divina). Es darte cuenta de lo que ocurre y vivirlo como una danza y como un juego, ya que todo es relativo, y lo que viene se va, es pasajero y temporal. Las situaciones pasan, no se quedan. Vivimos en una gran comedia, aunque con nuestros perfeccionismos, culpabilidades y expectativas, lo convertimos en un gran drama.

Heartfulness me hace amorosa y mindfulness, desapegada. Así aprendo a amar sin asfixiar. Amar sin dejar de ser yo, comprendiendo que la entrega surge desde el centro de mi ser, no saliéndome de él.

Sati me ayuda a entender la ley del karma y a no hacer mío el problema del otro. Cada uno debe transitar por sus caminos de liberación. No puedo liberar a nadie de su karma. Puedo acompañarlo, y de hecho me dedico a acompañar a personas para que su transitar sea más llevadero, más amable y lo hagan desde su poder interior.

Experimento la libertad porque hago lo que quiero y amo hacer. Aprendo a amar aquello que aparentemente no gusta y es rutinario: lavar los platos, llevar la contabilidad, pasar este texto al ordenador (primero lo escribo a pluma sobre el papel sentada cómodamente, eso sí es una gozada). Así que si debo hacer algo, pongo todo mi cariño en ello y así estoy conmigo y con lo que hago, compartiendo.

Soy ser humano, y mujer en aprendizaje y formándome continuamente. Soy quien quiero ser. La consciencia plena me abre a hacerlo posible.

Estoy aprendiendo a equilibrar la contemplación y la soledad, con la acción, las relaciones y la comunidad. Es una contemplación creativa y silenciosa, una soledad fructífera y nutritiva, una acción con sentido y una comunidad de personas y amistades que amo.

Con consciencia plena voy descubriendo cómo expresarme y no reprimirme, cómo comunicar mis sentimientos.

Meditando, vuelo, trasciendo, y me aseguro de ser canal, de desaparecer para que Él sea en mí. Él, Dios, mi luz, mi amor, mi sentido, mi pilar, mi fuerza.

Gracias a la consciencia plena aprendo a utilizar la voluntad, la determinación y la concentración. Voluntad para llevar a término lo que quiero. A nivel personal, pensar lo que quiero pensar y no pensar en lo que no quiero pensar; adelgazar o engordar; nadar y caminar; meditar; crear: pintar, escribir, cocinar, o limpiar. Limpiar es crear espacios donde la creación es posible. En cuanto a la gestión del tiempo soy clara, respeto mis tiempos, me organizo para disponer de mucho tiempo libre que me permite crear y adaptarme a los imprevistos y a estar disponible cuando la inspiración llega, cuando se da el amor, o cuando se necesita disponibilidad para la conversación. A nivel relacional, compartir con libertad. Atreverme a pedir con claridad. Ofrecer y ofrecerme sin renunciar a ser. Llegar a acuerdos y compromisos claros.

En la acción procuro aplicar la determinación. Cuando me propongo hacer algo lo hago. Me he ganado la confianza de muchas personas que saben que lo que me propongo lo consigo, y que no me quedo en el mundo de las ideas y de las buenas intenciones.

En el pensamiento aplico la concentración. Me concentro, y así no me disperso. Cada pensamiento tiene sentido; y cuando quiero entro en silencio y los pensamientos se apaciguan, hay paz y espacio libre para que Dios ponga el pensamiento, la idea, para que la intuición se exprese y para la inspiración: la belleza, la poesía de existir.

La consciencia plena me acompaña a escucharme y acoger lo que surge. Cuando estoy triste, dejo que la tristeza sea, la siento, la observo, la escribo, la comunico y pierde fuerza, se disuelve. Es como una nube. Permito que llueva, que suelte su carga. Y enseguida aparece el sol que la evapora. Emerge una pregunta apreciativa que me hace ver de nuevo el horizonte de mis sueños, de lo que me apasiona y da sentido a mi existir. Aparece el abrazo de Dios y estoy en Zeus, entusiasmada de nuevo (En-Theos, raíz griega de la palabra entusiasmo).

La consciencia plena me da fuerzas para no ser una marioneta de mis deseos; para vivir los deseos en libertad sin que me esclavicen. Mantengo el deseo esencial en el horizonte de mi visión. Mi deseo esencial es vivir en el amor en libertad, es crear un mundo en armonía y no violento. Por eso hace 38 años que no consumo animales ni colaboro con que los maten. El deseo esencial de crear un mundo en armonía me ha llevado a reflexionar, a escribir y a compartir sobre el poder de nuestra presencia en el mundo.[37] Deseo estar en Dios y ser canal, ser instrumento de Su sabiduría, Su poder y Su luz en el mundo.

Voy a compartir otras reflexiones sobre la libertad contigo que nos llevan a la gran liberación.

La gran liberación

La gran liberación es la de trascender el ego, siendo consciente de tu identidad auténtica y viviéndola. En ella te vacías de juicios ruidosos, de pensamientos inútiles, de sentimientos innecesarios. Estás libre del «yo ya sé». Repito esta cita adecuada aquí: «Aquel que es libre no sostiene puntos de vista ni discute opiniones. Para un sabio no hay superior, inferior ni igual, ningún lugar en el que la mente pueda apegarse».[38] «Si deseas conocer la verdad, solo tienes que dejar de atesorar opiniones», afirma el tercer patriarca Zen.[39] Y la Biblia dice: «Conocerás la verdad, y la verdad te hará libre».

En la India conocí el concepto del *jivan mukti*, es la salvación entendida como ser y vivir liberado en la vida y consiste en liberarte de las necesidades egoístas. Cuando estás liberado en la vida puedes relacionarte con el otro, Dios, el tiempo, la comida, el cuerpo y la materia, conectándote con el Todo, es decir, teniendo en cuenta a los demás y al planeta. Cuando experimentas la liberación en la vida no eres solo tú aislado, sino que armonizas con la naturaleza e inspiras y acompañas a los demás hacia la liberación.

Para llegar a este estado necesitas consciencia plena y un intelecto creativo que integre y equilibre. Con el intelecto creativo, no analizas ni entiendes de forma condicionada; te abres a la comprensión, al reconocimiento y a la salvación; te encaminas hacia un fin del sufrimiento en el que la rueda del deseo limitante termina. Para alcanzar este estado has de ver adecuadamente y comprender. Con la comprensión sales de la ignorancia. El intelecto creativo ve hacia dónde te llevan las cosas antes de que sea demasiado tarde; puedes frenar a tiempo y cambiar el rumbo.

Terminar la rueda del deseo es cultivar una felicidad auténtica, no ilusoria. El sufrimiento viene porque crees que algo ilusorio es verdad. El apego te crea el espejismo de la pertenencia y de la seguridad. Al ser una fantasía, tienes miedo y celos. Si fuera verdad, no tendrías miedo ni celos ni te aferrarías a tantas seguridades falsas que te privan de verdadera libertad. Es estar en la prisión de tus seguridades. Es ser un esclavo de tus deseos.

Lo que ves, escuchas y sientes provoca en ti pensamientos y sentimientos de diversa índole. Es importante que te des cuenta de tu libertad y capacidad para decidir cómo respondes ante lo que ves y ante lo que escuchas. Con consciencia plena, tus repuestas no serán reacciones impulsivas que te desequilibren internamente; serán respuestas que saldrán de una intención clara y de un discernimiento preciso.

Cuanto más libre eres, menos esperas la perfección en los demás y en tu entorno. Dejas de ser perfeccionista. Aceptas. Fluyes. Gozas, ¡eres libre!

En esencia, despertar, iluminarse, liberarse y salvarse es vivir y ser en la sabiduría de la consciencia. No se trata de luchar contra el ego, al igual que no se lucha contra la oscuridad. Solo es necesario darle al interruptor y encender la luz. Es darle al interruptor de la consciencia y se hará la luz. La luz eres tú.

San Pablo nos da unas pautas para alcanzar esta luz: «No nos acobardamos: si nuestro exterior se va deshaciendo, nuestro interior se va renovando día a día. A nosotros, que tenemos la mira puesta en lo invisible, no en lo visible, la tribulación presente, liviana, nos produce una carga incalculable de gloria perpetua. Pues lo visible es transitorio, lo invisible es eterno» (2 Co 4, 16-18).

Esta «mira puesta en lo invisible» requiere de rendición si queremos vivir la gloria perpetua. Entras en ese viaje hacia la gloria cuando has aprendido a rendirte, a ceder y a entregarte. Lo importante e interesante es que es sin sumisión y sin ser víctima. Implica no bloquearse ni ofrecer resistencias. Resistirse y bloquear o bloquearse implicaría control, miedo, inseguridad y oposición a lo que es.

Ceder es aceptar internamente lo que tienes, estar abierto a la vida. La resistencia es una contracción interna, un endurecimiento del ego, es cerrarse. Tal como nos recuerda Tolle: «El no ofrecer resistencias es la clave de acceso al mayor poder del Universo». Se abre una nueva dimensión de la consciencia cuando cedes, cuando te rindes. Si es posible actuar, tu acción estará en sintonía con el Todo y apoyada por la inteligencia creativa, la conciencia con la cual te unes en ese estado de apertura. En ese estado se producen coincidencias, las personas y las circunstancias te ayudan y te acompañan en tu siguiente etapa. Si no es posible actuar, permaneces con la calma interior que acompaña a este estado de rendición, de entrega y aceptación.

Otra forma de entender la rendición está conectada con la libertad, y así nos lo dicen las *Upanishads* en un aforismo:

La libertad del alma no tiene leyes. Es una ley en sí misma.

La libertad no es sobre los demás; es en tu interior.

La libertad no tiene sentido si no es para todos.

Un hombre verdaderamente religioso es aquel cuya alma es y está libre para Dios.

La libertad no será en el futuro si no lo es ahora en ti. Recuerda que el poder está en tu presencia ahora. Solo el presente puede liberarte. Eso es estar despierto y vivir con la consciencia despierta. Consciencia despierta que no se apega. Sin apego, la mente no estaría atraída ni sumisa a nada ni a nadie. El signo del apego es la sumisión de algún tipo a pensamientos, palabras, acciones y relaciones.

Te ayuda a liberarte el actuar como *karma-yogui*, es decir, no apegado al fruto de la acción y con una intención sanadora y positiva. Actúas conectado, en yoga, en unión contigo y con el Todo. Tu acción es precisa gracias a estar unido, en yoga. Vives en el amor y en el desapego; como la flor de loto, compartes tu belleza y, aunque lo que te rodee sean aguas estancadas, no te ahogas en ellas. Vives en la confianza de que lo que ocurre y lo que ocurra será beneficioso. Gracias a esto no te angustias. Con confianza te arriesgas.

Vivir libre es vivir siempre en el riesgo. El riesgo de quedarte solo, de que no te entiendan, de romper con estereotipos, de no reconocerte al renovarte, de transgredir ciertas pautas establecidas social y culturalmente, de sentirte explorador de tierras desconocidas, de estar en el abismo. Arriésgate. Atrévete. Ábrete. Concédete poder y sé libre.

Apertura

Al vivir los principios que he expuesto (véase pág. 96 y pág. 124) y caminar en la vida hacia una apertura de espíritu, siento que mi vivir y existir alcanza momentos de estar absorta y unida. Mi existencia es sentir que pertenezco, que estoy conectada y feliz de estar en relación con la vida. Es decir:

Pertenezco, no estoy aislada y tengo un lugar en el mundo.

Estoy conectada, no soy independiente a lo que ocurre en el planeta; mi valor aporta a la interconexión con el Todo, y la interconexión me aporta valor, me enriquece.

Estoy en relación con la vida, con la naturaleza y con el cosmos.

Disfruto de pertenecer, conectar y relacionarme. Y cuando me siento una con el Todo, experimento una grandeza que desborda todo, para lo que no tengo palabras.

Lograr sentirse conectado, en relación y pertenencia, es lograr estar absorto. En la apertura del corazón (estado heartful), uno florece como una flor cuando se abre en primavera. Uno se abre como la flor, y comparte su fragancia, la belleza de su ser, sin temor a compartir también su vulnerabilidad y delicadeza. Gracias a su apertura recibe. Se está absorto en la luz, como la flor se abre al sol, y en la belleza que aporta y que le rodea. Ese florecer es existencial. Su existencia es plena.

Tenemos casos de este vivir existencial a corazón abierto y lleno de sentido. Por ejemplo, santa Teresa de Ávila; san Francisco de Asís; artistas y músicos vivieron absortos en una existencia creativa, bella y plena. Su música y sus creaciones siguen conectándonos con la belleza y la inspiración. Nos absorben y podemos sentir cómo estaban absortos mientras creaban y se manifestaban. Maestros como Ramana Maharshi, absorto en el silencio pleno y trascendente que le conectó con la unicidad del todo, siguen inspirando a miles de personas en todo el mundo.

Cuando abres tu corazón en consciencia plena te entregas a lo bello, lo verdadero y lo beneficioso. Y en esa entrega estás absorto. Eres uno con el otro. Sea el otro una persona, un objeto, un animal, una flor, Dios. Vives la no dualidad. Es pura dicha, es vivir el estado de *Sat-Chit-Ananda: Sat*, la verdad, lo auténtico, lo real; *Chit*, la consciencia despierta y viva, y *Ananda*, la dicha, el gozo supremo. Para vivirlo debemos trascender nuestros conceptos.

Nuestros conceptos limitan la realidad. Cuando paramos y silenciamos todo nuestro decir sobre la realidad y la dejamos hablar, atendemos a la experiencia de grandeza, la miramos y la vemos. Nos damos cuenta de que empieza a mostrarse ante nosotros y en nosotros el latido del universo. La realidad viva por sí misma. Cuando callamos nuestro mapa mental hecho de palabras y símbolos, cuando lo trascendemos, permitimos que se produzca esa experiencia de asombro y apertura.

Para acceder a esta experiencia, para invitarla, tienes que dar un paso más allá de ti. Es dar un paso para silenciar tu necesidad de etiquetar, gestionar y comprender, y salir de ti mismo con el fin de atender plenamente a lo que aquí hay. Lo que hay aquí es aquí dentro y aquí fuera. Soy yo visto, no desde mi canon de necesidades, sino viendo la maravilla que está aquí en este momento en cualquiera de nosotros. La plenitud y el misterio de lo que cada uno de nosotros es.

En el camino al silenciamiento decimos que hay un dentro y un fuera, porque establecemos una frontera entre nosotros y el mundo. Al silenciar nuestras palabras diluimos esa frontera, y las experiencias son de unidad. Experimento que el mundo y yo somos uno. No hay dos. Dicho en palabras creyentes o no creyentes, religiosas o poéticas, no hay dos, todo es uno. Por tanto, ya no hay dentro o fuera, todo es aquí, en cada momento, en cada instante, en cada elemento, en todo. Debes cruzar el muro de las palabras, y en el puro silencio ves que no hay dentro y fuera. Esa grandeza es la misma en un sitio y en otro.

Leamos algunas citas que manifiestan esa vivencia. De Marià Corbí: «Reconocer es hacer presente todo mi ser, con todas sus facultades, a algo que se me hace presente con toda su autonomía y su misterio. Reconocer es una comunión de presencias. La comunión de presencias no es más que el amor. Esa es la inconmensurable belleza del destino humano».[40]

Del escultor Alberto Giacometti: «Luz fulgurante, infinito resplandor de todo. Soy inmortal e infinito, y conmigo todos vosotros. Esto es la vida, esto es la eternidad».[41] Y Balthus en sus memorias comparte: «Pintar del mismo modo que se reza: camino de silencio, acceso a lo invisible en el mundo. [...] Atrapar lo que te puede ofrecer, como una gracia. Cuando hablo de pintura, no me puedo apartar del lenguaje religioso, es el que más se aproxima a aquello que quiero expresar, cuando me quiero referir a la sacralidad del mundo, a aquella actitud de ponerse uno mismo como en disposición, humildemente, modestamente, como en una ofrenda, queriendo encontrar lo esencial. Para pintar, haría falta estar siempre en esta desnudez».[42] «Me indigna el culto a la personalidad que rodea a muchos pintores contemporáneos. Para pintar se requiere todo lo contrario, borrarse cada día más, no tener más exigencia que la pintura y olvidarse de sí mismo. Y, en cambio, encontramos por todas partes declaraciones personales, confesiones íntimas, exhibicionismos… No me canso de decir que no te explicas a ti mismo, lo que quieres expresar es el mundo, sus misterios y sus noches. De paso, quizás encontrarás alguna clave que te permita comprenderte mejor, pero no es ese el objetivo. […] En esta aventura de la pintura, el pintor no es nada, no es más que una mano, un instrumento que establece un puente, él mismo sin saber muchas veces ni hacia dónde va, pero actúa como transmisor de aquello que todavía ignora, aquello que permanece en lo secreto. Esto se te hace claro cuando tocas algún punto esencial, cuando –por decirlo de alguna manera– notas que no hay relación entre tú mismo y lo que quieres lograr, entre tú y lo que percibes. […] El pintor sólo existe en esta disponibilidad, en esta humildad.»[43]

Vivir absorto es no quedarse a medio camino. Quedarse a medio camino es quedarse en las formas. Es quedarnos en las palabras y en las imágenes. Es utilizar las pistas que obtenemos de maestros de Oriente y de Occidente para alimentar nuestro ego, queriendo obtener un premio en esta vida o en la otra vida.

Desde siempre se ha utilizado la religión con la promesa de ganar paraísos, pero en la espiritualidad laica también buscamos vivir un paraíso en este mundo, no en la próxima vida, pero sí para vivir esta con más paz y más calidad. Esto está bien, y hace falta que el ego esté con los menos nudos posibles y lo más sereno posible. Aunque sería muy limitador decir que los maestros espirituales lo que nos enseñan es a poner el ego en su sitio. Es como si dijéramos que la meditación y el arte me calman, me relajan, me hacen sentir mejor. Sin embargo, la meditación y el arte son mucho más que eso, es una mirada a la realidad que intenta ir más allá de mi comprensión, intenta descubrir esos ámbitos que no alcanzamos desde el yo. Me enseña a silenciar el yo para investigar esa otra dimensión de la realidad.

Practicando te silencias y te ordenas. Pero una vía es la de arreglar el yo, y otra es ir más allá del yo. Las dos son necesarias; se pueden complementar. Pero si limitamos toda la enseñanza de los maestros a arreglar nuestro yo, es como querer ganar el paraíso en esta Tierra. Estamos buscando algo para nosotros y nos estamos quedando sin el verdadero fruto de la comprensión de esas dimensiones que van mucho más allá de nuestras construcciones, y que son las que nos ofrecen una comprensión de la realidad que realmente desborda todos nuestros conceptos.

Una comprensión de la realidad que nos han transmitido vivencias de autores laicos y autores creyentes; sean unos u otros, cuando tocan la fuente constatamos que tienen puntos en común: se da la veneración, la admiración, y un profundo respeto que lleva a tomarse en serio hasta la vida más minúscula. A no dar nada por hecho; a ocuparse de todo. No es que uno se haga responsable porque tiene que ser responsable, sino que es el amor el que lo mueve a dar y a darse.

La responsabilidad puede ser un camino de salir de ti, pero es también uno de los frutos de esa visión de la realidad que te muestra que todo es de un gran valor. Esa experiencia despierta en ti veneración, amor, valor por todo, reconocimiento, responsabilidad, infinita paz. Porque se detiene la batalla que nos genera nuestro propio ego, con sus demandas, sus miedos, sus expectativas, sus temores.

En la medida en que estás silenciándote y saliendo de ti encuentras la paz, la libertad de ti mismo, y despierta en ti la atención a todo como si fuera tu propio cuerpo. Salir de ti no es descentrarte, sino que desde tu eje, tu centramiento, vas más allá de tu yo egoico y te absorbes en una realidad trascendente.

Los caminos que nos llevan a una existencia de absorción en la unicidad con el todo pueden ser religiosos, artísticos, poéticos, científicos, filosóficos. Y en esa absorción los caminos se encuentran y coinciden. Sin embargo, si los caminos están alimentando el ego, por muchas palabras religiosas o espirituales que tengan, no pueden encontrarse, ya que alimentan la dualidad.

12. He llegado a casa

Cuando puedes estar aquí para ti mismo restableces un orden básico que te permite hacer las paces contigo mismo.

THICH NHAT HANH

Tú eres lo que estás buscando.

DEEPAK CHOPRA

Cuando eres plenamente consciente, vives con sentido y dándote cuenta de la realidad presente. Mantienes tu consciencia viva. Puedes practicarlo en este mismo instante. La plena consciencia es al mismo tiempo un medio y un fin. La semilla y el fruto.

Estar en casa es estar bien aquí ahora. No has de ir a ninguna parte. Tu mente y tu corazón están bien aquí. La paz es el camino. El amor es el camino. La felicidad es el camino. La libertad es el camino.

Llegar a casa es no correr más. Aunque mi cuerpo esté en pleno movimiento y mis manos en acción, mi mente y mi corazón están en casa. No es una declaración ni una afirmación, es una realidad. Estoy en casa, en mi hogar. Mi consciencia está tranquila. A cada paso estoy en casa. Cada paso me da libertad, de lo contrario, no lo doy. Espero paciente a que sea el momento de darlo.

Camino en la alegría de respirar y estar viva. Disfruto de estar y vivir en el reino aquí y ahora. El reino futuro quizá será mejor, pero no vivo a la espera de que esa promesa se cumpla. La promesa puede ser una trampa. Lo que soy y tengo es ahora.

Estar en casa es sentir que pertenezco al mundo aunque sé que también pertenezco a otro mundo intangible. Estar en casa es sentir que tengo un lugar en el mundo. No es aferrarme a un espacio físico concreto, a una casa, sino que el espacio es donde estoy. En el avión, en el metro, en la calle, entre los pinos, en el mar, en la montaña, en la ducha. Estar en casa es estar bien en mi cuerpo. Para esto lo escucho y lo respeto. Le doy la mejor comida: orgánica, biodinámica y ningún cadáver (animal muerto). Le doy el mejor alimento: buenos sentimientos y pensamientos amplios, sanadores y de confianza.

Para transitar el camino que te llevará a casa puedes preguntarte: ¿Cuál es el mejor momento de tu vida? ¿Ha llegado? Si no es ahora, entonces ¿cuándo será? Si tuviste buenos momentos, recuérdalos. ¿Cómo te sentías?, ¿qué hiciste para crear una diferencia?, ¿qué virtud o talento aplicaste para que se diera ese buen momento?, ¿qué aprendiste en esa ocasión que puedas aplicar ahora?, ¿qué puedes hacer para crear y sentir más buenos momentos? Entonces vuelves a este instante. Estás en casa.

Ya no luchas por atrapar un destino. Haces lo que haces consciente de lo que haces. Confías: vas camino a casa, a tu propia naturaleza, a tu hogar. Desvelas tu naturaleza primordial de luz, claridad y pureza. Abandonas el miedo y la ambición nociva, te conviertes en lo que eres, estás cómodo, tu corazón se abre, y el gozo en libertad llena tus días.

Ha llegado el momento de volver a la esencia. Este es el momento del cambio, puede producirse en cualquier instante. Descomplícate. Valora la sencillez y sé sencillo. Sal de la expansión y de la dispersión. Cuando vas de la expansión a la esencia, sueltas las capas innecesarias de tus «personajes», tus máscaras, y conectas con el silencio de tu ser. Es un silencio lleno de melodía; la melodía que te acompaña en la danza de la vida. Aunque fuera el ruido sea estridente, tú vives la serenidad en casa, en la melodía de tu ser. Esto puede ocurrir de un instante a otro. El próximo instante puede pasar cualquier cosa. El cambio puede ser rápido cuando sueltas. Suelta.

La serenidad es el estado natural del ser. Solo es posible vivirla cuando dejamos de querer controlar las situaciones y a las personas, cuando aceptamos la incertidumbre y la impermanencia como estados naturales del cambio constante que implica vivir, y cuando estamos en paz con nuestros actos.

En tu interior encontrarás la serenidad. Si huyes de ti, no aprenderás a gestionar tus pensamientos ni a trascender tus ruidos. Si te llevas a tu interior algún asunto de los que hay sobre tu mesa, no te encontrarás, porque ese asunto ocupará demasiado espacio y tapará lo esencial. Permanecerás conectado con ese asunto y con las personas involucradas en él.

Trabaja sin tensión en un estado de serenidad en el que manejes tu energía vital sin cansarte. Para conseguirlo entra en ti. Para entrar en ti da un paso atrás que te permita desconectar de lo externo, dejando sobre la mesa los asuntos. Entra en ti, conecta contigo, y así creas orden entre los opuestos que luchan en tu interior.

Con la mente calmada y el corazón sereno sabemos captar y entender las señales que las situaciones nos están dando, y captamos también las señales del tiempo, del momento que estamos viviendo. Además, somos capaces de comprender a las personas, ya que observamos, escuchamos y sentimos todos los lenguajes con los que se comunican: la mirada, el gesto, la posición, la vibración, la intención, el sentimiento y la palabra.

Para fortalecer la capacidad de captar y sentir, medita y aprende el arte del verdadero descanso. Practicar la meditación da sosiego al corazón y serenidad a tu mente. Cuando meditas se incrementan tu claridad y tu confianza. Tu discernimiento se amplia, se agudiza, ves más y mejor. Cuando meditas sueltas y al soltar sientes que cada momento es nuevo, único e irrepetible; es nuevo a medida que te alejas de lo viejo. Este instante es un nuevo punto de partida para ti, aquí y ahora.

Tal como expliqué en el apartado sobre la identidad y la plenitud amorosa, este alejarte de lo viejo y vivir el instante como una renovación puede implicar atravesar varios estados de «muertes» en las que uno se vacía de lo que contenía, y queda inundado plenamente, no de algo que tenga que defender como antes desde la fuerza del ego, sino con la consciencia de que este yo se ha convertido en un receptáculo puro: el corazón del alma, el espacio desalojado por el ego. Cuando se llega a ese lugar, se consigue la comunión con el origen, con el Todo y con todos.

Jesús dijo a sus discípulos: «La llegada del reinado de Dios no está sujeta a cálculos; ni dirán: "Míralo aquí, míralo allí". Pues está entre vosotros» (Lc 17, 20-21). Es decir, no será en un futuro, sino que es ahora. Solo cuando sea ahora en ti, empezará a serlo a tu alrededor, hasta que alcancemos el número crítico de consciencias despiertas que generará el cambio global. Será en ti cuando entres en y vivas un silencio creador. En el silencio clarificas ideas, disciernes, reconectas con la esencia y con la intuición. En silencio, tu ser está tranquilo y en paz. Estás en casa.

Frenar el impulso hacia la acción y permitirte un espacio de «no hacer» (aunque siempre haces, incluso cuando no haces) no es una pérdida de tiempo. Muchos creen que el silencio es pasivo, que es la negación de la expresión y de la acción. Yo diría que más bien el no poder dejar de hacer, el estar en constante movimiento, planificación y acción puede llegar a ser una huida de uno mismo, e incluso una negación del ser. Por eso, al final muchos acaban enfermando, ya que la naturaleza es sabia y el cuerpo nos obliga a frenar y a detenernos para escuchar y ver. Permíteme que repita la cita de Gisela Zuniga, en la que afirma que: «El hombre no vive. Lo viven. Y todo porque ignora que su verdadero sitio está en el centro. Aquí, en el centro, hay paz y tranquilidad».[44]

En silencio te concentras. Vas más allá de la cháchara mental. Con un pensamiento poderoso que te lleva hacia arriba dejas de producir docenas de pensamientos y ahorras energía. Hacia arriba significa ser observador imparcial; es no perderte en el mar de pensamientos. Es un pensamiento que destaca por encima de los otros porque es claro y potente.

En el silencio eres observador, no porque estés harto, ni para criticar. Tu observación es creativa. Ves el sentido en las cosas esparcidas y desordenadas. Las piezas del rompecabezas, del mosaico, se unen y se armonizan en el silencio.

El silencio es el puente que nos conecta con las realidades que existen y funcionan más allá de nuestra lógica y nuestros sentidos. El silencio nos une a la esencia de nuestro ser, facilitando cercanía y conexión con uno mismo y con el otro, lo que sea el otro… persona, imagen, sentimiento, color, naturaleza, Dios.

Reconectas contigo y, desde tu ser, con Dios y con el mundo. Es cuestión de un segundo. Un segundo de paciencia, de paz, de silencio, que te conecta con tu intuición. En un segundo creas un pensamiento que es la semilla para muchas consecuencias. Estas dependen de la calidad del pensamiento, de la semilla. En un segundo abres un espacio para nutrir, crecer y aprender.

En el silencio tocamos las huellas de la eternidad.

13. Compromiso

Todo lo que he compartido contigo hasta aquí no lo podrás llevar a tu vida diaria sin un compromiso. Necesitas un nivel de compromiso apasionado y sincero que te ayude a superar las debilidades. Con compromiso verás cómo tus energías fluyen. Te lo tienes que proponer, debes querer: toma la decisión, ten la voluntad y hazlo. Ahora. Comprométete y actúa. Atrévete a comprometerte. Comprométete de forma decidida en la práctica de nuevas actitudes, pensamientos y acciones. Cultiva tu plenitud, te lo mereces. Atrévete a liberarte.

Goethe describió los resultados del compromiso así: «Hasta que uno no se compromete, está la duda, la posibilidad de retroceder, siempre sin provecho. Por lo que se refiere a todos los actos de iniciativa (y de creación), hay una verdad elemental cuya ignorancia mata un sinnúmero de ideas, así como espléndidos planes: que en el momento en que uno se compromete de veras, la Providencia también actúa. Para ayudar a uno, ocurren todo tipo de cosas que, sin decisión, no ocurrirían jamás. Toda una corriente de acontecimientos se desprende de la decisión, provocando, a favor de uno, todo tipo de incidentes imprevistos, encuentros y ayuda material que nunca nadie hubiera soñado que sucedieran. Cualquier cosa que puedas soñar que puedes hacer, empieza a hacerla. El atrevimiento conlleva genio, poder y magia. ¡Empieza ahora!».

Conecta con tus sueños. Mantenlos en tu visión. No pierdas de vista el horizonte ni el norte. Clarifica tus metas. Crea lo mejor en ti mismo, ofrece lo mejor de ti mismo, sé tu mejor versión y no alimentes las otras versiones (las mediocres, atrofiadas, infantiles, complicadas). Si tu horizonte se difumina y te sientes confundido, indaga en ti. Entra en el silencio. Espera.

Sé curioso por todo lo que sucede en tu interior y por todo lo que te rodea, no dando por buenas y aceptables las respuestas automáticas que tu ego carácter da a tus preguntas. Busca siempre tu verdad interior, y lo que es auténtico fuera, para no dejarte llevar por los espejismos.

Puedes preguntarte:

¿Qué quiero para mí?

¿Por qué y para qué existo?

¿Qué me pide la vida?

¿Qué me ofrece que haga?

¿Qué hago?, ¿o qué estoy haciendo?, ¿para qué lo hago?

¿A qué le presto atención? ¿En qué me estoy fijando? Llevado por mi atención, ¿estoy presente o ausente?

Estando en el presente, en este momento refuerzas tu esencia y lo esencial. Lo que merece la alegría (¡no la pena!). Al observar puedes reconducir tu atención.

14. Práctica

La práctica continua te limpia, te calma y te recuerda lo que es verdadero. Practicar a diario desarrolla tu concentración, te centra en lo esencial, te fortalece y te llena de vitalidad. Te ayuda a mantener un corazón abierto, a perdonar y soltar, a seguir siendo generoso y a reforzar tu capacidad de amar.

Si viviéramos hoy como si fuese nuestro último día, seríamos conscientes de que nuestro tiempo es limitado. No pierdas el tiempo viviendo según la vida de otro, de sus expectativas, de sus imposiciones o sus opiniones. No te quedes atrapado. No permitas que las opiniones de otras personas o sus miedos ahoguen tu propia voz interior. Ten el coraje de seguir a tu corazón e intuición. Hazlo. Es tu vida.

De todas maneras, detenerte, observar, reinterpretar, reevaluar, controlar pensamientos y sentimientos y cambiar creencias requiere energía. No una energía que obtendrás de fuera, sino la energía de la verdad que llevas dentro. Conecta con tu verdad y siente cómo te proporciona la energía que necesitas. Sé sincero contigo, con los otros y con la vida.

Da espacio a tu vida, a todo lo que favorezca tus sueños y te ayude a fortalecer tus relaciones. Cuida de ellas. Elige la calma. Aprende a crear un espacio interior en el que encuentres la calma. En la calma, sientes amistad con el silencio, contigo y con Dios. Cuando eres amigo de los tres, eres amigo de los demás y del universo. Al haber convertido tu mente en tu amiga, te encuentras en paz contigo. Tu diálogo interior te da energía y vitalidad, te mantiene sereno y abierto al amor.

A todo aquello que te aleje, te distraiga o te debilite, aprende a decirle *no*. ¿Por qué tienes la necesidad de quedar bien y dices *sí* cuando en tu corazón quieres decir *no*? Tú conoces tu sueño, lo que te inspira y motiva, lo que te mueve: ve a por ello. Sé fiel a tu pacto, al pacto contigo mismo.

Busca ayuda, espacio y silencios. Los entornos en los que acostumbramos a vivir y trabajar son altamente disfuncionales para este tipo de cambios profundos. Busca la ayuda de espacios, personas, libros, grupos y, sobre todo, momentos diarios para la reflexión.

Quizá necesitas un mentor, una mentora, alguien que te acompañe en momentos vitales para ti. El *coach* te puede ayudar, en especial si es apreciativo. Pero un mentor, alguien con sabiduría práctica, es más potente en ciertos acompañamientos. El mentor nutre y cuida. El *coach* te empuja para que lo que quieres lo consigas, para que lo hagas.

Haz como mínimo una revisión diaria a fin de medir el nivel de contento, de alegría, disfrute, entusiasmo y aceptación. Revísate para descubrir qué tienes que cambiar, transformar y soltar. Revísate para cambiar, no para culpabilizarte.

Pregúntate: ¿en qué dirección vas?, y no busques respuesta. La pregunta te abre, y de eso se trata: de vivir abierto. Para unos instantes varias veces al día y respira conscientemente. Practica el mirar y escuchar sin juzgar; escucha con apertura y observa.

Observar te ayuda a evaluar tus percepciones y las de los demás. Somos creadores de nuestras realidades. La realidad en sí misma no nos crea estrés, dolor ni malestar. Es nuestra percepción e interpretación de la realidad la que provoca estas reacciones. Revisa cómo percibes las situaciones y con qué creencias las interpretas y las juzgas. Reinterpretar la situación, la realidad concreta, implica dejar morir la vieja percepción para dar cabida a una nueva visión. Sin que muera lo viejo, lo nuevo no se puede construir correctamente.

El espacio interno íntimo del ser no está condicionado por juicios, creencias falsas ni limitaciones. Para ser consciente de ese espacio, y para vivirlo, debes prestar atención a no perderte en las experiencias sensoriales que te ofrecen los sentidos. Cuando te pierdes o te «disuelves» en alguna de esas manifestaciones, olvidas al ser que experimenta, y te identificas con el placer o el dolor, con el símbolo expresado por la imagen o por la palabra. Al identificarte con ello, pierdes la visión amplia y real del ser. Tu intelecto se queda atrapado. Ya no observas con atención. Dejas de ser quien manda en tu vida.

Ten una práctica regular, como la meditación diaria, la sesión semanal de yoga, la oración nocturna, el paseo diario, la respiración consciente, el escuchar música, el «no hacer». El crear y mantener tiempos y espacios para profundizar en tu descubrir y descubrirte, en tu desarrollo espiritual y personal, es una de las herramientas que ofrece mejores resultados.

Sea cual sea tu práctica, vive los principios del universo que respetan la vida; solo entonces vivirás la consciencia plena. Si no los respetas, entrarás en espacios mindless y heartless, contaminado e influido por tus viejos hábitos y por los condicionamientos que imperan en la sociedad. Seguirás siendo parte del problema y no de la solución. Quizá no hagas el mal ni destruyas, pero tampoco tu presencia será transformadora, ni tu consciencia tendrá el poder de crear una nueva realidad más justa y beneficiosa para todos, no solo para ti.

Vive los principios. Sé consciente de los principios que rigen y respetan la vida y vívelos. Son como leyes que cuando las transgredimos nuestra acción va contra nosotros, en contra de la vida y de lo que sustenta la vida. Cuando nos salimos de estos principios, regresamos a la ignorancia y al sufrimiento. Me refiero a los principios que expuse en las páginas 96.

Disciplina[45]

> Si actualmente hay tanta mentira en nuestro mundo extraviado, es porque cada uno de los seres humanos reivindica los derechos de una consciencia iluminada sin someterse a la más mínima disciplina.
>
> MAHATMA GANDHI

Esperamos las vacaciones para desconectar de la disciplina que nos imponen las fechas de entrega, los horarios de las reuniones y la lista de lo que tenemos que hacer. Queremos fluir sin ser esclavos del reloj. La disciplina a veces nos impone renunciar a lo que nos gustaría; nos vincula con los deberes y los límites, y esto nos pone en tensión. Esto nos frustra y sentimos que la disciplina es una carga más que una liberación. La buena noticia es que es posible conseguir una vida disciplinada en la que incorporemos prácticas y pautas de manera natural. Al igual que tenemos la disciplina de desayunar y la consideramos como parte natural de nuestro estilo de vida, logramos integrar otras disciplinas que nos ayudan a dar lo mejor de nosotros mismos y a vivir una vida más plena.

La experiencia nos demuestra que necesitamos disciplina para lograr lo que queremos y llegar a donde anhelamos. Un atleta necesita disciplina para mantenerse en forma y así alcanzar las metas que se propone. Un equipo debe entrenarse con disciplina para jugar con excelencia el día del partido. Cuando uno ama su propósito y sus metas, disfruta de la práctica y vive la disciplina con naturalidad. Primero necesitamos tener una visión clara de lo que queremos y que nos motive. La motivación por satisfacer los objetivos que nos hemos propuesto nos ayudará en incorporar la disciplina como parte necesaria del proceso.

Otras veces nos ayuda la necesidad vital y la autoestima: el cuidado del ser. Por ejemplo, a nivel personal a todos nos beneficia el dormir y comer con regularidad en horarios más o menos fijos, y el hacer ejercicio con constancia nos lleva a tener un cuerpo más sano y más energético. ¿Qué es lo que necesitamos para estar bien? Intentemos incorporarlo en nuestro día a día. Por ejemplo, detente unos momentos para crear una distancia sana del caos que hay a tu alrededor, que te permita relajarte y actuar con serenidad, sin impulsividad. A esta parada la llamo el *full stop*. *Full stop* significa parar un momento, de uno a cinco minutos, con la idea de darte un espacio y respirar conscientemente, relajarte, concentrarte, estar presente, ser consciente de los pensamientos rápidos y disminuir su velocidad. Los beneficios personales de esta práctica, si se hace con regularidad y disciplina, son: relajarse, pensar con mayor claridad, conectar con la intuición, calmar la mente, centrarse, ser consciente de la respiración, mejorar la postura, dejar espacio para Dios en ti y estar bien aquí y ahora.

Otra práctica que puedes incorporar cada mañana es la de visualizar el día durante unos minutos y conectar con tu intención para ese día. ¿En qué te centrarás? ¿Qué quieres aportar a tu entorno? Así saldrás de casa equipado con los valores y las actitudes que te ayudarán a lidiar en las diferentes situaciones con valentía, paciencia, tolerancia, amor, determinación y asertividad.

Aprender a disciplinar tu mente para controlar tus pensamientos te permitirá gobernarlos y te facilitará crear actitudes saludables. Asumirás la responsabilidad de recrear tu destino con voluntad y perseverancia, en vez de sentirte víctima y quejarte por estar atrapado en una situación que te provoca malestar. El hábito de quejarte puedes sustituirlo por el hábito de agradecer. Para sustituir un hábito por otro necesitas disciplina. Cada día haz una lista de todo aquello por lo que puedes dar las gracias. Agradece estar vivo, agradece quien eres, agradece aprender y compartir, agradece lo que has vivido. Esto te ayuda a gozar y te mantiene abierto a todas las posibilidades que el presente y el futuro te brindan. Cuando tienes el hábito de agradecer, eres capaz de agradecer la experiencia del dolor. Estás abierto a comprenderla y puedes provocar el cambio necesario para recuperar el bienestar. Tal como expliqué en las págs. 35, abrazar el sufrimiento te ayuda a transformarlo.

Seguimos unas disciplinas u otras según el código de conducta que interiorizamos influidos por nuestras creencias, cultura y relaciones sociales. En este marco, siempre hay la posibilidad de incorporar el esfuerzo por hacer lo máximo y lo mejor que uno pueda. Podemos esmerarnos en pensamientos, palabras y acciones a fin de lograr pensar bien, decir palabras significativas de las que florezcan conversaciones enriquecedoras y actuar con elegancia y respeto. Así no nos conformaremos con lo ordinario y nos concentraremos en mejorar. Lo lograremos con intención y disciplina. Si no, la mente se dispersa por falta de disciplina mental. Puede ayudarnos el crear pensamientos positivos y usarlos como afirmaciones que fortalezcan la concentración. Podemos crear una lista de pensamientos que sean como llaves que podamos usar para abrir el caudal de positividad interior. Por ejemplo: yo puedo; no me vencerán; soy amor; todo fue como tuvo que ser, lo acepto y lo suelto. La meditación es una práctica esencial para desarrollar concentración y ser capaces de pensar solo lo que queremos pensar, evitando los pensamientos repetitivos, inútiles o negativos. Meditar te ayuda a silenciar las voces innecesarias, a vaciarte para sentirte pleno. Como en todo, la meditación dará buenos resultados solo si la practicamos disciplinadamente.

Lo que suele ocurrir cuando nos proponemos incorporar una práctica, transformar un hábito o esforzarnos por un objetivo, es que aparece el autoboicot. Uno mismo boicotea sus propósitos. La disciplina nos ayuda a superar a nuestro saboteador y crítico interior que sabotea nuestras intenciones. Son las dudas y los temores que nos frenan y bloquean. Con claridad y voluntad podemos superarlos y así lograr nuestro propósito.

Cuando somos conscientes del impacto de nuestros pensamientos, palabras y acciones prestamos más atención. Nos disciplinamos. Pensamos antes de hablar y actuar. Incluso aprendemos a pensar antes de pensar. No nos precipitamos. Esto requiere estar alerta y recuperar nuestro poder interior para ser capaces de frenar los pensamientos acelerados, ciertas palabras y acciones de las que luego nos arrepentimos. Necesitamos ir al taller para fortalecer el freno mental. Tanto pensamiento provoca estrés, tensión y falta de claridad, y nos perdemos lo mejor de la vida: saborear este instante. Meditar es como entrar en el taller de reparaciones: solo cuando entras y te entregas plenamente, se da la reparación.

Para fortalecer la musculatura corporal necesitamos practicar ejercicio con regularidad. Para fortalecernos internamente disciplinemos la mente con ejercicios de positividad y silencio. Cuanto más claros sean nuestros pensamientos, mayor será su impacto en nuestra realidad. Los pensamientos son la semilla de nuestras palabras y acciones.

Recordemos que entre el pensamiento y la acción hay un espacio. En ese espacio, que puede ser de una milésima de segundo, de varios segundos o de unos minutos, podemos cambiar el rumbo de nuestros pensamientos y elegir nuestra acción, para que no sea una reacción impulsiva influida por nuestras energías negativas ni las de nuestro entorno. La meditación nos ayuda a crear el hábito de responder desde la serenidad y la consciencia.

En una investigación que se llevó a cabo hace unos años en las cárceles de la India, hicieron una pregunta a los internos que habían matado a alguien: «Si te hubieras detenido a reflexionar cinco minutos antes de cometer el crimen, ¿lo hubieras hecho?». El 85% respondió que no, que actuaron impulsivamente, sin reflexionar y sin poder controlar su reacción. Si se hubieran parado unos minutos, se habrían calmado, o al menos hubieran podido controlar su rabia y no habrían matado.

Una reacción puede cambiar el rumbo de nuestra vida y el de muchas otras personas. Aprendamos a responder desde la serenidad, con claridad y determinación, con paciencia y humildad, con amor y entrega, y con sentido del humor. Solo cuando hayamos logrado la disciplina interior de observar y pensar antes de reaccionar, seremos capaces de responder así.

15. Meditaciones

Es momento de practicar. Te acompaño en un CD con unas meditaciones guiadas que te ayudarán a centrarte. Comencemos con una relajación.

1. Relajación

Relajarte te ayuda a abrirte.

Siéntate cómodo, con la espalda recta. Haz unas rotaciones de hombros para relajarte. Estira el cuello. Disponte a soltar todas tus tensiones. Inspira profundamente y, al soltar el aire, siente que sueltas todo aquello que no necesitas.

Suéltate y suelta. Inspira y ve relajándote.

Siente una energía suave cálida, como un rayo de luz, que asciende por los pies y te ayuda a soltar los dedos de los pies y a relajarte.

A medida que el rayo de luz asciende por tus piernas, suelta la tensión de la musculatura y siente cómo se relajan.

Sigue inspirando profundamente y dirige tu atención a la zona pélvica donde poco a poco vas relajando, soltando y, a medida que este rayo de luz asciende por el cuerpo rodeando los diferentes órganos internos, vas relajando el estómago, el vientre.

Sientes que la respiración se relaja.

Este rayo luminoso, cálido, rodea tu corazón, te ayuda a darle las gracias al corazón por su labor.

Continúas relajándote, soltándote hasta que poco a poco llegas a los hombros y sueltas la tensión acumulada en ellos.

Ese rayo luminoso desciende por los brazos y las manos, y te relajas, sueltas. De manera que los brazos están relajados, los hombros están relajados, y empiezas a relajar el cuello, como si lo abrieras para que la circulación pueda fluir sin trabas.

Este rayo luminoso cálido te ayuda a relajar la musculatura facial. Relajas la frente, los pómulos, vas relajando los ojos, relajas la mandíbula. Sientes la cara relajada, relajas el cuero cabelludo, desde la raíz del pelo. Y relajas las orejas.

Observas tu cuerpo y, si queda alguna tensión por soltar, la sueltas ahora.

Sientes la respiración relajada, y te dispones a relajar la mente. Concentras tu atención en el interior del entrecejo.

Toda la energía se concentra en un punto luminoso, como una pequeña estrella que irradia paz.

Dejas pasar los pensamientos innecesarios y te das un espacio para relajar, soltar.

Desde aquí, te dispones a hacer un viaje hacia una playa solitaria. Estás en una playa solitaria con un mar tranquilo. Un gran horizonte donde mar y cielo se unen. Reposas tu mirada interior en ese horizonte. Dejas que tu mente se relaje.

Cualquier pensamiento innecesario que aparezca lo sueltas y lo dejas pasar como si fuera una hoja que se la lleva el viento.

Sigues descansado tu mirada en ese horizonte

Dejas que la inmensidad del cielo y del mar penetren en ti, y todo tu ser se abre a esa dimensión relajante.

Poco a poco te dispones a hacer el viaje de regreso, llevando contigo esa inmensidad, esa calma, ese espacio de horizonte abierto.

Regresas al punto detrás del entrecejo. Sintiendo una mente abierta, un cuerpo relajado.

Te dispones lentamente a entrar de nuevo en acción e interacción.

Sientes que la vitalidad empieza a recorrer todo tu cuerpo.

Lentamente, mueves los dedos de los pies y de las manos, estiras los brazos, respiras profundamente, y te sientes aquí.

2. Encuentro sereno con la realidad

Me relajo, suelto.

Poco a poco me voy alejando de lo que me ha ocurrido, y voy entrando en mi espacio interior.

Concentro mi atención en un punto detrás del entrecejo; toda la energía se concentra ahí.

Me dispongo a crear un pensamiento de paz; soy un ser de paz.

Conecto con mi espacio interior;

Me voy alejando de las prisas, de la acción.

Entro en un espacio de calma en el cual todo mi ser se relaja; suelto las tensiones.

A medida que entro en mi espacio sagrado, en mi templo interior, conecto con la serenidad.

Dejo que la serenidad me abrace;

me penetre;

me inunde.

Soy paz; una paz que me calma; paz que me acompaña a sentirme bien.

Dejo que los pensamientos y los sentimientos pasen como hojas que se las lleva el viento y me centro en la serenidad; en estar bien aquí, en la calma.

Desde ese espacio interior me doy cuenta de que los pensamientos vienen y se van como olas.

Suelto los pensamientos.

Me centro en estar en el espacio de paz interior; soy paz;

soy serenidad.

Y desde esa serenidad observo las diferentes escenas de mi vida,

como si fuera un gran teatro

con diferentes actores y escenas.

Al observar, me doy cuenta de que mi realidad interior es de paz, y que lo que ocurre fuera no son más que diferentes escenas que vienen y van.

Aprendo a ver la belleza de lo que me rodea

Doy gracias por estar viva. Soy vida.

Conecto con mi vitalidad; dejo que la vitalidad fluya en todo mi ser,

que todas las células de mi cuerpo y mi ser se llenen de vida.

Desde esa sensación de vida convivo con la realidad serenamente; soy un ser de paz. Emano serenidad. Irradio calma.

Observo sin juzgar. Ahora estoy bien

Desde ese bienestar, me dispongo a, lentamente, entrar de nuevo en acción e interacción.

Respiro profundamente y me mantengo en la paz.

3. Observador

Me siento en una postura relajada, con la espalda recta.

Me centro en la respiración. Inspiro profundamente y, al soltar el aire, me voy relajando.

Centro mi atención en un punto en el interior del entrecejo, donde poco a poco voy concentrando mi energía, sintiéndome como una estrella radiante, un punto de luz que irradia amor y serenidad.

Desde ese punto observo lo que pienso.

Dejo que los pensamientos fluyan sin dejarme arrastrar por ellos; como si fueran un río que fluye.

Después de un pensamiento viene otro, y lo suelto; dejo que se vaya con el río.

Me centro en ese punto interior de luz desde el cual observo lo que siento, y dejo que los pensamientos y los sentimientos pasen, y se los lleve el río, sin irme con él.

Permanezco en el espacio de serenidad interior desde el cual observo.

Reconozco lo que pienso,

y lo que siento.

No juzgo. Acepto. Dejo fluir.

Y poco a poco, la paz va haciéndose espacio en mi interior, a medida que voy soltando los pensamientos.

Desde ese punto de calma observo lo que siento. Lo acepto. Lo suelto.

Conecto de nuevo con la paz, la tranquilidad. Irradio paz.

Me doy cuenta de que no soy lo que pienso.

Los pensamientos son como un pájaro que pasa volando, y luego pasa otro, y otro…

Estoy aquí, en la calma, en la serenidad. Soy un ser de paz.

Lentamente me dispongo a entrar en acción.

Respiro profundamente; muevo un poco los dedos de los pies, las manos, los brazos.

Estoy aquí, presente.

4. Escuchar el corazón

Me relajo

Inspiro profundamente

Voy trayendo toda mi presencia aquí. Estoy aquí.

Cualquier pensamiento que me lleve a otro lugar, lo dejo que pase;

y me quedo aquí.

Siento mi presencia.

Poco a poco voy entrando en mi interior,

calmando la mente,

calmando todo mi ser.

Me dispongo a escuchar mi ser.

Voy creando un espacio de silencio; entro en el silencio.

Cualquier pensamiento innecesario lo dejo pasar.

Sigo en ese oasis de silencio, en el que escucho. qué me dice mi intuición.

Dejo un espacio para escuchar, con calma, con serenidad.

Desde mi espacio interior observo las diferentes situaciones de mi vida. Y escucho.

¿Qué me dice mi ser? ¿Qué me dice mi intuición?

En esa escucha,

Acepto,

Interiorizo.

Abrazo mi ser, mi corazón. En ese abrazo acepto plenamente.

Escucho y en esa escucha me abro. Me abro internamente respetando mi ser.

Me dispongo a entrar de nuevo en acción siguiendo mi voz interior.

5. Paz con el pasado

Me siento relajado.

Respiro. Inspiro paz. Suelto el aire relajándome.

Estoy aquí. Traigo mi presencia a este momento.

Siento mi cuerpo relajado.

Conecto con el punto en el entrecejo.

Irradio paz. Soy paz.

Inspiro paz.

Suelto y relajo.

Me abro internamente.

Estoy aquí.

Al recorrer la historia de mi vida, aparecen escenas en mi mente, de idas y venidas, encuentros y desencuentros.

Todo lo vivido ha sido un proceso necesario para llegar hasta aquí.

Los fracasos y los éxitos, lo que fue, fue. No me domina.

Me dispongo a perdonar. A soltar. Acepto lo ocurrido.

Observo lo que siento. Lo acojo. Lo reconozco. Lo abrazo.

Lo que pasó ya pasó, me trajo hasta aquí. Acojo este momento.

Estoy vivo; siento la vida que recorre mi ser. Soy vida.

Agradezco. Me siento en paz.

Integro las escenas de mi vida en mi ser, las abrazo, y hago las paces conmigo mismo. Me perdono. Perdono. Estoy en paz.

Soy paz. Inspiro paz.

Agradezco.

Soy vida.

Me dispongo lentamente a entrar en acción.

Respiro profundamente.

6. Aceptación

El cuerpo se va relajando.

Inspiramos profundamente y, al soltar el aire, soltamos las tensiones.

Relajamos los pies, las piernas.

Relajamos la zona pélvica, y sentimos que los órganos internos se relajan.

Soltamos tensiones y relajamos la respiración.

Poco a poco, observamos que todo el cuerpo se relaja: la cara, el cuello y los hombros...

Y traemos toda nuestra presencia aquí.

Conecto con mi ser de paz. Dejo que la paz me abrace y penetre en mí.

Y a medida que me alejo de los ruidos externos, entro en ese espacio de paz.

Soy un ser de paz. Me siento en mi fuerza de paz, de calma, de serenidad.

Observo desde dónde emana la paz interior; desde qué punto de mi cuerpo y de mi ser vibro en paz;

y desde ahí me siento en mi ser en paz.

Mi naturaleza de paz.

Desde esa paz interior,

desde el templo interior de paz,

desde mi ser pacifico y sereno.

Observo otras facetas de mi ser, otros personajes y actitudes en los que no hay paz; y desde ese estado de paz, desde ese centro de paz, desde mi ser de paz, me observo a mí misma en esas otras facetas.

Dejo que emerjan esas imágenes de mí misma en las que actúo sin paz, y, manteniéndome en mi centro de paz, en ese punto desde donde irradio paz, acojo esas otras facetas de mi ser, las abrazo, las integro, las acepto, las reconozco.

Y con esa mirada de paz, siento un amor inmenso hacia cada parte de mi ser, hacia cada aspecto de mi ser, y lo acepto.

Y en esa aceptación, la intranquilidad pierde fuerza, prevalece el poder de la paz interior

Desde esa mirada de paz y serenidad, calmo todas las facetas de mi ser y disuelvo el miedo, el temor; disuelvo la ansiedad, dejo que prevalezca la paz.

Poco a poco siento que, desde ese interior de paz, abrazo y acojo, acepto y amo, todo lo que soy.

Y con esta mirada de amor, me fortalezco; siento que mis voces internas se armonizan.

Poco a poco, la harmonía y la paz invaden todo mi ser y mi cuerpo.

Me dispongo a entrar en acción-interacción.

Desde esa serenidad interior, inspiro profundamente, observo la respiración consciente y traigo toda mi presencia aquí.

Estoy aquí, siento la vitalidad en mi cuerpo.

Poco a poco a tu ritmo inspiras cada vez más profundamente, moviendo los dedos de los pies y las manos.

7. Compasión

Me relajo e inspiro profundamente. Respiro conscientemente.

Siento mi presencia aquí.

Mi cuerpo, relajado; la respiración, tranquila.

La cara, los hombros se relajan y me dispongo a conectar con la presencia amorosa; con el amor que me mueve y que yace en mí.

Dejo que los pensamientos innecesarios se disuelvan, pasen, y me mantengo centrada en sentir la fuerza del amor que me mueve.

Observo dónde la siento, en el cuerpo, cómo ese punto energético de amor se abre.

Poco a poco, todo mi ser es amor: siento y soy amor.

Desde ese amor, comprendo y abrazo todas las facetas de mi ser.

Con una mirada sabia y comprensiva, y desde esa mirada, todo mi ser se baña en amor y suelto las tensiones, la visión limitada; las percepciones que me causan dolor, las suelto.

Miro con la mirada de amor y compasión, la compasión que me ayuda a comprender y que surge de la comprensión desde la cual acepto y no juzgo.

Acepto al otro y a los otros por lo que son, no necesito juzgarles.

Desde esa aceptación, me libero de tensiones, me libero y miro con compasión a aquellas personas que de alguna forma me han hecho sufrir.

Ahora perdono, acepto, suelto, comprendo que cada uno tiene sus motivaciones, su camino; y desde esa mirada compasiva, siento la belleza del otro más allá de lo que ha hecho o dejado de hacer

Desde ese espacio de compasión, puedo acoger el sufrimiento del otro, desde el amor y la comprensión, sin juzgar.

Cuando suelto mis expectativas puedo comprender que el otro tiene su camino; y desde la compasión siento la luz, que me guía, el amor que me mueve y que dejo que sea en mi, que el amor sea en mí.

Permanezco en la mirada compasiva, esa mirada que acepta y comprende, que ama y deja ser al otro.

Desde esa aceptación, conecto de nuevo con la fuerza del amor que me mueve.

Camino mi camino, sigo mi camino, esa vía de amor, esa fuerza vital que me mueve y me guía.

Siento mi presencia de amor aquí, soy amor, inspiro amor y siento la compasión verdadera.

Me dispongo a entrar de nuevo en acción con la actitud de comprender, con la mirada compasiva, con mi ser amor.

Inspiro profundamente y. al soltar el aire. voy entrado poco a poco en este espacio.

8. Intuición

Hacemos rotar los hombros, nos colocamos bien, la espalda recta y relajada

Sentimos el cuerpo relajado. Nos vamos relajando y concentramos nuestra atención en un punto en el interior del entrecejo.

Toda nuestra energía se centra en ese punto luminoso como si fuera una estrella, una estrella radiante de luz, vitalidad, vida.

A medida que me concentro en ese punto, la velocidad del pensamiento disminuye y me dispongo a entrar en el silencio.

Dejo que la calma silenciosa penetre en mi mente y en mi ser; voy entrando en un espacio silencioso en que todo mi ser se calma.

Cualquier pensamiento innecesario lo dejo pasar y, desde este punto radiante de vida, en el interior del entrecejo, conecto con el silencio.

En ese silencio escucho mi ser, dejo que esa voz profunda de mi ser, me hable mi intuición.

En estos momentos, en mi situación actual, ¿en qué me tengo que centrar?

Escucho qué es aquello a lo que debería prestar atención,

escucho mi voz interior, e

integro lo que escucho.

Poco a poco, siento mi presencia aquí, siento mi intuición conmigo, integro lo que me dice la voz de mi sabiduría interior y lo convierto en mi lema, mi frase o afirmación para vivir y poner en práctica en qué me tengo que centrar, a qué tengo que prestar atención.

Dejo que estas preguntas resuenen en mi ser y, en el silencio, cuando sea el momento aparecerá la respuesta.

Inspiro profundamente y me dispongo a entrar en acción, a compartir.

9. Unión

En esta meditación vamos a penetrar la realidad para vivir en unidad con ella, sin quedarnos atrapados en una opinión filosófica o en unos métodos meditativos.

Me relajo, respiro profundamente, abro los pulmones. Siento las piernas y los brazos relajados. Relajo los hombros y el cuello. Suelto las tensiones.

Centro mi atención en el *chakra* del corazón, desde donde toda mi energía se une como una estrella que irradia belleza y paz. Todo mi ser se centra en ser una estrella radiante.

Respiro profundamente a medida que me abro, abro el plexo solar, abro el corazón.

Dejo ir los pensamientos innecesarios como si fueran mariposas que pasan volando, y mantengo mi atención en ese punto central del corazón del ser.

En esta apertura acojo la belleza de la naturaleza, de los árboles y las flores, de caminos y montañas, de mares y ríos. Toda la belleza, color y vitalidad de la naturaleza entra en mí, forma parte de mí. Soy naturaleza viva. Soy vida.

La vida fluye en mi como un manantial. Irradio plenitud de vida.

Conecto con otros seres radiantes, conecto con sus corazones. Juntos tejemos una constelación de estrellas que irradian paz, belleza, amor. Desde el poder del amor se diluyen las sombras, se abraza el sufrimiento, se alivia, y poco a poco voy flotando en un espacio de estrellas radiantes con toda su belleza.

Siento el silencio. Se silencian las voces.

Mi ser está en presencia del gran silencio, del silencio divino, en el cual me uno al gran amor de Dios, a la compasión y la paz. Mi ser flota en un espacio luminoso, etéreo.

Soy una con el Todo. Todo es en mí. Soy luz.

Interiorizo este sentir.

Lo siento en el cuerpo. Inspiro conscientemente. Me dispongo a entrar en acción manteniendo la conexión con el Todo.

10. Silencio

Relajo, suelto, respiro.

Ralentizo. Decido conscientemente no pensar analizando, etiquetando, categorizando. Me calmo. Siento la calma interior. Permanezco quieto. Creo un pensamiento de paz, amabilidad, serenidad. Lo sostengo silenciosamente en mi mente por unos instantes. Sin forzar, sin prisas. Contemplo el pensamiento elegido. Sosteniéndolo, siento gradualmente que el pensamiento se traslada a un sentimiento. Siento la paz. Me absorbo en la conciencia de paz. Soy paz. Soy serenidad. Suelto todo pensamiento y dejo que quede la serenidad quieta, la quietud serena. Un silencio sereno. Lo abrazo. Sostengo ese silencio completo, y lo que es beneficioso aparecerá.

Me uno en el silencio. Abrazo la existencia.

Soy en silencio.

Dejo que todo mi mundo interior se calme.

Quietud.

Lentamente me dispongo a entrar en acción.

Respiro profundamente y siento la vitalidad en mi cuerpo.

Sé tú misma
Eres preciosa

Sé tú mismo
Eres precioso

Notas

1. Parte de este apartado es un extracto del artículo que publiqué en *El País Semanal*, 13 de abril 2014.
2. Ima Sanchis, *El don de Arder*.
3. Joe Dispenza, *Desarrolla tu cerebro. La ciencia de cambiar tu mente*.
4. Thich Nhat Hanh, *Enseñanzas sobre el amor*, Ediciones Oniro, 1ª edición, pág. 32.
5. Zuniga Gisela, *Está todo ahí, mística cotidiana*, Editorial DESCLÉE BROUWER, Bilbao 2010.
6. Farid Uddin Attar, *El lenguaje de los pájaros*.
7. Anthony Strano, *Los cuatro movimientos*, Barcelona, 2009, Asociación Brahma Kumaris.
8. Melloni, Javier, *El deseo esencial*, Santander, Sal Térrae, 2009.
9. Tolle, Eckhart, *Un mundo nuevo ahora. Encuentra el propósito de tu vida*. Barcelona, Grijalbo, 2006. pág. 249.
10. Parte de este apartado es un extracto del artículo que publiqué en *El País Semanal* con el título «Actitudes ante la incertidumbre», 30 junio 2013.
11. Thich Nhat Hanh, *Enseñanzas sobre el amor*, Ediciones Oniro, 1ª edición, pág. 16.
12. *Ibíd.*, pág. 17.
13. *Ibíd.*, pág. 14.
14. Thich Nhat Hanh, *El milagro de mindfulness*, Ediciones Oniro, 2011, pág. 65.
15. Texto extraído del libro de Subirana, Miriam; Cooperrider, David, *Indagación Apreciativa, un enfoque innovador para la transformación personal y de las organizaciones*, Barcelona, Kairós, 2013.
16. Texto extraído del libro de Subirana, Miriam, *Creatividad para reinventar tu vida. Reflexiones sobre el cambio, la intuición y la alquimia espiritual*, Barcelona, RBA-Integral, 2009.
17. Kornfield, Jack, *Después del éxtasis, la colada*, La liebre de marzo, 2010, pág. 322.
18. Joan A. Melé, *Dinero y conciencia, ¿a quién sirve mi dinero?* Plataforma Editorial, 2009.
19. *Ibíd.*, págs. 67-68.
20. *Ibíd.*, págs. 70-72.
21. *Ibíd.*, pág. 74.

22. *Íd.*, pág. 339.
23. Subirana, Miriam, Cooperrider, David, *Indagación Apreciativa, un enfoque innovador para la transformación personal y de las organizaciones*. Kairós, 2013
24. Textos extraídos y resumidos del libro de Subirana, Miriam, Cooperrider, David, *Indagación Apreciativa, un enfoque innovador para la transformación personal y de las organizaciones,* Barcelona, Kairós, 2013.
25. Párrafo extraído del capítulo sobre el poder transformador de las preguntas, del libro *Indagación Apreciativa, un enfoque innovador para la transformación personal y de las organizaciones,* de Miriam Subirana y David Cooperrider, Barcelona, Kairós 2013.
26. David L. Cooperrider y Lindsey N. Godwin, *Desarrollo Positivo de las Organizaciones* publicado en el capítulo 5 del libro *Indagación Apreciativa, un enfoque innovador para la transformación personal y de las organizaciones*, de Miriam Subirana y David Cooperrider, Barcelona, Kairós 2013.
27. Parte de este apartado lo he extraído de Subirana, Miriam; Cooperrider, David, *Indagación Apreciativa, un enfoque innovador para la transformación personal y de las organizaciones*. Barcelona, Kairós, 2013.
28. Extraído de Subirana, Miriam; Cooperrider, David, *Indagación Apreciativa, un enfoque innovador para la transformación personal y de las organizaciones*. Barcelona, Kairós, 2013.
29. Cooperrider, David L.; Whitney, Diana, Stavros, Jacqueline M., *The Appreciative Inquiry Handbook. For Leaders of Change* Crown Custom Publishing, Inc., Brunswick, Ohio (Estados Unidos) 2008, pág 204.
30. Bushe, G.R. «Appreciative Inquiry is not (just) about The positive», OD Practitioner, vol 39, n° 4, 2007, pág. 3.
31. *Íd.*, nota 23.
32. *Íd.*, pág. 334.
33. *Íd.*, pág. 334.
34. Parte de este apartado es un extracto del artículo que publiqué en *El País Semanal* con el título «La culpa puede ser útil», 12 de febrero 2012.
35. *Íd.*, pág. 61.
36. *Íd.*, nota 7.
37. Subirana, Miriam. *El poder de nuestra presencia. Una guía de coaching espiritual,* Barcelona, Ed. Kairós 2012
38. *Íd.*, pág. 334.
39. *Íd.*, pág. 334.
40. Marià Corbí, «Reconocer. La ciencia al servicio del sentir silencioso». Artículo publicado por CETR extraído de M. Corbí. *El camino interior más allá de las formas religiosas,* Bronce, 2008, págs. 176-184.
41. Alberto Giacometti. *Écrits.* París, Hermann, 1997. pàg. 229.
42. Balthus, *Mémoires de Balthus: recueillies par Alain Vircondelet*, Du Rocher, 2001, pág. 22. Existe edición castellana en Lumen (2002).
43. *Ibíd.*, págs. 101-103.
44. *Íd.*, nota 5.
45. Extraído del artículo que publiqué en *El País Semanal* con el título «El poder de la disciplina», el 10 de octubre 2010.

Bibliografía

Balthus. *Mémoires de Balthus: recueillies per Alain Vicondelet*. Mónaco: Du Rocher, 2001.

Bushe. «Appreciative Inquiry is not (just) about the positive», OD Practitioner, vol. 39, n.º 4, 2007.

Caplan, Mariana. *A mitad del camino. La falacia de la iluminación prematura*. Barcelona: Kairós, 2004.

—. *Con los ojos bien abiertos. La práctica del discernimiento en la senda espiritual*. Barcelona: Kairós, 2010.

Capra, Fritjof. *El Tao de la Física*, Luis Cárcamo 1984-1992.

Carse, David. *Perfecta Brillante Quietud, más allá del yo individual*. Madrid: Gaia Ediciones, 2009.

Cooperrider, David; Whitney, Diana; Stavros, Jacqueline M. *The Appreciative Inquiry Handbook. For Leaders of Change*. Brunswick, Ohio (Estados Unidos): Crown Customs Publishing, inc, 2008.

Dispenza, Joe. *Desarrolla tu cerebro. La ciencia de cambiar tu mente*. Madrid: Ediciones Palmyra, 2008.

Giacometti, Alberto. *Écrits*. París: Hermann, 1997.

Henepola Gunaratana, Bhante. *El libro del mindfulness*. Barcelona: Kairós, 2012.

Kabat-Zinn, Jon. *La práctica de la atención plena*. Barcelona: Kairós, 2007-2012.

—. *Mindfulness para principiantes*. Barcelona: Kairós, 2013.

Kasper, Walter. *La misericordia. Clave del evangelio y de la vida cristiana*. Santander: Sal Terrae, 2012.

Kornfield, Jack. *Después del éxtasis, la colada. Cómo crece la sabiduría del corazón en la vía espiritual*. Barcelona: La liebre de Marzo, 2010.

Melé, Joan Antoni. *Dinero y conciencia ¿A quién sirve mi dinero?* Barcelona: Plataforma Editorial, 2009.

Melloni, Xavier. *L'u en la Multiplicitat. Aproximació a la diversitat i unitat de les religions*. Barcelona: Editorial Mediterrània, 2003.

—. *El desig essencial*. Barcelona: Fragmenta editorial, 2009.

Strano, Anthony. *Los cuatro movimientos*. Barcelona: Asociación Brahma Kumaris, 2009.

Subirana, Miriam. *Creatividad para reinventar tu vida. Reflexiones sobre el cambio, la intuición y la alquimia espiritual*. Barcelona: RBA, 2009.

—. *El poder de nuestra presencia. Una guía de coaching espiritual*. Barcelona: Kairós, 2012.

—. *Serenidad mental. Decide con lucidez*. Barcelona: Ediciones Obelisco, 2011.

Subirana, Miriam, Cooperrider, David. *Indagación Apreciativa, un enfoque innovador para la transformación personal y de las organizaciones*. Barcelona: Kairós, 2013.

Thich Nhat Hanh. *Hacia la paz interior*. Barcelona: Debolsillo, 2012.

—. *El milagro de mindfulness*. Barcelona: Espasa Libros, 2007.

—. *Enseñanzas sobre el amor*. Barcelona: Ediciones Oniro, 2006.

—. *Estás aquí. La magia del momento presente*. Barcelona: Kairós. 2011.

Tolle, Eckhart. *Un mundo nuevo ahora. Encuentra el propósito de tu vida*. Barcelona: Grijalbo, 2006.

Torralba, Francesc. *La compasión*. Lleida: Milenio Publicaciones, 2012.

Zuniga, Gisela. *Está todo ahí, mística cotidiana*. Bilbao: Desclée Brouwer, 2010.

In memoriam

Anthony Strano (1 Agosto 1951-26 julio 2014)

A inicios del 2014 en mis conversaciones con Anthony en Atenas y en Delfos surgieron muchos de los contenidos que he compartido contigo en este libro. La amistad con Anthony, cultivada durante más de treinta años, ha sido como el hilo del que escribe él en el prólogo. Un hilo que me ha acompañado desde la vivencia heartfulness que Anthony encarnaba plenamente.

La profundidad de su pensamiento y su palabra, su enamoramiento de Dios y su vida sencilla y llena de virtud, son un ejemplo de cómo es posible vivir en plenitud. Su amor era pleno, y su amistad total. Era poeta, artista y místico. Anthony tenía el arte de saber cuándo guardar silencio y cuándo hablar, qué decir y qué callar. Su presencia amorosa y la claridad de su ser me acompañaron en mis noches oscuras y en mis días claros. Gracias Anthony por tu presencia en mi camino. Aunque "te fuiste" el 26 de julio, poco después de terminar este libro, tu presencia sigue viva en mi ser.

editorial **K**airós

Puede recibir información sobre nuestros
libros y colecciones o hacer comentarios
acerca de nuestras temáticas en

www.editorialkairos.com

Numancia, 117-121 • 08029 Barcelona • España
tel +34 934 949 490 • info@editorialkairos.com